CW00496039

THÉORIE DE LA DICTATURE

MICHEL ONFRAY

THÉORIE
DE LA DICTATURE

précédé de

Orwell et l'Empire maastrichien

**Robert
Laffont**

Ouvrage édité par Jean-Luc Barré

© Éditions Robert Laffont, S.A.S., Paris, 2019
ISBN : 978-2-221-24175-2
Dépôt légal : mai 2019

À Cyril et Lydie Le Thomas

1

Orwell et l'Empire maastrichien

Je tiens la pensée politique de George Orwell pour l'une des plus grandes. À égalité avec *Le Prince* de Machiavel ou le *Discours de la servitude volontaire* de La Boétie, le *Léviathan* de Hobbes ou le *Contrat social* de Rousseau. Orwell aide à penser la politique à partir d'un point de vue socialiste et libertaire. Mais, comme il a choisi le roman et la fable animalière pour porter ses idées, les penseurs institutionnels ne s'y arrêtent pas. La littérature le laisse aux philosophes, les penseurs aux littéraires, dès lors, personne ne s'en occupe vraiment. Pendant ce temps, on le lit sous le manteau dans les pays privés de libertés.

Or, à part Camus, ils sont peu nombreux les penseurs dont le socialisme libertaire se démarque franchement du socialisme autoritaire. En bons hégéliens de gauche qu'ils sont, Bakounine et Kropotkine louchent en effet du côté de Marx dont ils diffèrent sur les moyens de parvenir au pouvoir, mais nullement sur les fins. Le réel est pour ceux-là plus une idée qu'une réalité. Il faut un Proudhon pour penser à gauche en dehors des clous marxistes. *1984* et *La Ferme des animaux* y aident également.

J'ai lu ces deux derniers livres il y a très long-temps. La Russie était encore soviétique ; mon père, qui avait connu l'occupation nazie dans son village natal, le mien, et qui m'en avait beaucoup parlé pendant mon enfance, était encore vivant. Ces deux livres renvoyaient à d'autres repères qu'à ceux du jour : le totalitarisme national-socialiste et le totalitarisme marxiste-léniniste. Ces deux monstres sont morts. Les ouvrages d'Orwell sem-blaient avoir perdu de leur actualité. Ils parlaient d'un temps jadis.

De la même manière que *La Peste*, dont Barthes estimait qu'elle chargeait un peu trop la mule bol-chevique à son goût et pas assez le bourricot nazi, pouvait paraître un livre antifasciste daté parce qu'il renvoyait aux totalitarismes du moment, l'œuvre politique d'Orwell a pu laisser croire qu'elle tombait en même temps que le mur de Berlin.

C'est oublier qu'à la fin de *La Peste* Camus fait savoir qu'elle ne disparaît jamais véritablement, qu'elle ne dort que d'un œil, qu'il lui faut peu de chose pour redevenir active et qu'apparaissent à nouveau les premiers rats crevés qui signalent le retour de l'épidémie. *La Peste* était donc un livre pour expliquer hier mais aussi, et c'est le trait de génie de son auteur, pour décrypter aujourd'hui, puis demain, voire après-demain. Orwell est de ces auteurs : il pense un hier qui peut être demain et s'avère parfois aujourd'hui. Disons-le autrement : il relève de l'universel, car il propose une théorie de la dictature.

Étymologiquement la théorie est une contemplation, une observation, un examen. Quant à la dictature, elle est à repenser à nouveaux frais. Car il y eut son temps généalogique, celui de Rome, dans lequel elle était une magistrature exceptionnelle par laquelle l'autorité était confiée via un consul mandaté par le Sénat à un homme dans un temps donné, jamais plus de six mois, pourvu que ce soit dans des conditions exceptionnelles et que tous les moyens qui lui aient été offerts servent à résoudre le problème ayant conduit à ce qu'il soit investi de cette autorité suprême. C'est ainsi que Sylla fut mandaté pour restaurer la république.

Mais ce sont surtout les dictatures du XXe siècle qui ont contribué à une nouvelle typologie, même si Gengis Khan dans la Chine des XIIe et XIIIe siècles, Tamerlan dans l'Ouzbékistan et le Kazakhstan des XIVe et XVe siècles, ou bien encore Cromwell dans l'Angleterre du XVIIe, témoignent que la dictature est de tous les temps et de tous les continents.

Le siècle nucléaire fut en effet celui des dictatures, d'abord sous la forme marxiste-léniniste, ensuite, de façon réactive mais jumelle, sous forme national-socialiste. La preuve de cette gémellité est assenée avec le pacte germano-soviétique qui a célébré les épousailles de ces deux monstres totalitaires entre le 23 août 1939 et le 22 juin 1941. On doit à Hannah Arendt une analyse fine de ce phénomène avec *Les Origines du totalitarisme*, un fort volume en trois tomes publié entre 1951 et 1983 – une analyse dans laquelle le nom d'Orwell n'apparaît jamais, pas plus que dans l'œuvre complète ou les correspondances.

Or, il me semble que nos temps post-totalitaires n'interdisent pas *un nouveau type de totalitarisme*. Au contraire. Cette forme politique dure au travers des siècles. Dialectique oblige, elle est plastique et prend des allures différentes avec le temps.

L'Allemagne nazie est morte en 1945, la Russie soviétique rend son dernier souffle en 1991, les démocraties dites populaires du bloc de l'Est disparaissent dans la foulée. En ce qui concerne l'Europe, les deux totalitarismes auxquels songeait Orwell ne sont plus. Mais il pensait au-delà des temps historiques *une forme pure du totalitarisme. 1984* et *La Ferme des animaux* offrent deux occasions de la penser.

Je résume les thèses constitutives de cette *Théorie de la dictature.* Comment peut-on, aujourd'hui, instaurer une dictature d'un type nouveau?

J'ai dégagé sept temps principaux : détruire la liberté; appauvrir la langue; abolir la vérité; supprimer l'histoire; nier la nature; propager la haine; aspirer à l'Empire. Chacun de ces temps est lui-même composé de moments particuliers.

Pour *détruire la liberté*, il faut : assurer une surveillance perpétuelle; ruiner la vie personnelle; supprimer la solitude; se réjouir des fêtes obligatoires; uniformiser l'opinion; dénoncer le crime par la pensée.

Pour *appauvrir la langue*, il faut : pratiquer une langue nouvelle; utiliser le double langage; détruire des mots; oraliser la langue; parler une langue unique; supprimer les classiques.

Pour *abolir la vérité*, il faut : enseigner l'idéologie; instrumentaliser la presse; propager de fausses nouvelles; produire le réel.

Pour *supprimer l'histoire*, il faut : effacer le passé; réécrire l'histoire; inventer la mémoire; détruire les livres; industrialiser la littérature.

Pour *nier la nature*, il faut : détruire la pulsion de vie; organiser la frustration sexuelle; hygiéniser la vie; procréer médicalement.

Pour *propager la haine*, il faut : se créer un ennemi; fomenter des guerres; psychiatriser la pensée critique; achever le dernier homme.

Pour *aspirer à l'Empire*, il faut : formater les enfants; administrer l'opposition; gouverner avec les élites; asservir grâce au progrès; dissimuler le pouvoir.

Qui dira que nous n'y sommes pas?

Et, si nous y sommes : Quand? Comment? Avec qui? Où?

*

L'Occident capitaliste décide après guerre d'un programme impérialiste à imposer sur le continent européen. L'existence du bloc soviétique le contraint à composer. La guerre froide est, un temps, la forme prise par ce combat. Jusqu'à la chute du marxisme-léninisme européen, le 26 décembre 1991, l'Occident capitaliste se retient parce qu'il sait possible une riposte communiste. Les deux blocs se menacent et accumulent les armes nucléaires.

Ce que le général de Gaulle n'avait pas permis en 1945, autrement dit le Gouvernement militaire allié des territoires occupés (AMGOT) auquel les États-Unis aspiraient, l'Europe de Jean Monnet l'a permis.

Précisons avant toute chose qu'on dit assez peu que le nom de code du débarquement allié du 6 juin 1944 est *Overlord* et que la traduction française de ce mot est… « suzerain » ! Qu'est-ce qu'un suzerain ? L'étymologie témoigne : le mot suppose une relation féodale de soumission entre le suzerain qui commande et son vassal qui est commandé. L'AMGOT désigne, bien évidemment, un pays suzerain – les États-Unis –, et un vassal – la France.

Quel était le programme de l'AMGOT ? Administrer le pays en recyclant les préfets vichystes,

14

parce qu'ils étaient anticommunistes, donc de confiance, afin de transformer la France en province gouvernée par les Américains. Des officiers américains et anglais ont été formés dans des universités à cet effet. Une monnaie est frappée. De Gaulle fait savoir qu'il n'est pas question que les États-Unis administrent la France. Il gagne son bras de fer le 23 octobre 1944 quand le Gouvernement provisoire de la République française (GPRF) est reconnu *de jure* par les États-Unis, la Grande-Bretagne et l'Union soviétique. La France a ici aussi gagné une bataille, mais elle n'a pas gagné la guerre.

Pour gouverner la France, de Gaulle crée un mythe : celui de la France majoritairement résistante et collaboratrice à la marge. Cette fable est le prix à payer pour éviter d'avoir à chercher des poux dans la tête de ceux qui ont été vichystes, ou qui ont collaboré – comme les communistes pendant les presque deux premières années de la guerre, le temps qu'a duré le pacte germano-soviétique.

Une épuration radicale de ceux qui se sont trouvés aux côtés de Vichy aurait réduit à pas grand-chose le cheptel des magistrats, des avocats, des journalistes, des intellectuels, des artistes, des acteurs, des industriels, des universitaires, des écrivains, des éditeurs, des évêques, des banquiers, des juristes, des militaires fréquentables…

Tant que de Gaulle est resté au pouvoir, autrement dit jusqu'en 1969, un pouvoir gaullo-communiste s'est partagé le gâteau français. À la gauche communiste, la culture ; à la droite gaulliste, l'économie et le régalien. C'est l'époque où le PCF parvient à faire oublier ses deux années collaborationnistes en créant sa mythologie du PC résistant, du Parti des soixante-quinze mille fusillés et du Parti des héros prétendument antinazis du genre Guy Môquet*.

Grâce à cette fable, la gauche communiste a acquis le monopole culturel de l'après-guerre**.

---

* Les historiens Jean-Marc Berlière et Franck Liaigre m'ont dessillé sur le sujet avec leur ouvrage intitulé *L'Affaire Guy Môquet. Enquête sur une mystification officielle* (Larousse). On y apprend que, fidèles au pacte germano-soviétique, Môquet père et fils appellent à collaborer avec l'Allemagne nazie sous prétexte qu'elle lutterait contre l'impérialisme anglais, les banques, la City, les Juifs. Pour ce faire, ils distribuent des tracts appelant à fraterniser avec l'occupant (p. 27). Guy Môquet est arrêté et emprisonné pour cette seule et unique raison. Il sera ensuite prélevé dans sa cellule comme otage puis fusillé en représailles à l'exécution d'un nazi. Guy Môquet n'est donc pas mort pour fait de résistance puisque à l'époque son parti collaborait...

** Par exemple, les poètes Aragon, Triolet, Breton, Eluard, Tzara, Char, Guillevic, Césaire, Cassou ; les philosophes Nizan, Politzer, Lefebvre, Sartre, Beauvoir, Merleau-Ponty, Camus, Desanti, Garaudy, Kanapa, Benda, Étiemble, Queneau, Bataille, Simone Weil, Morin, Leiris, Althusser, Foucault, Glucksmann, Balibar, Rancière ; les écrivains Romain Rolland, Anatole France, Gide, Vailland, Malraux, Gracq, Duras, Guyotat, Sarraute, Butor, Sollers ; les peintres Picasso, Léger, Pignon, Fougeron, Lurçat ; les metteurs en scène et comédiens Vitez, Vilar, Anne et Gérard Philipe ; les chanteurs Lemarque, Gréco, Ferrat ; les acteurs Montand, Signoret, Roger Hanin ; les réalisateurs de télévision Bluwal, Lorenzi, Sangla, Daquin, Jean Prat ; les historiens Soboul, Mathiez, Leroy-Ladurie, Ellenstein, Annie Kriegel, Vernant,

Le monde de la culture avait Malraux au ministère de la rue de Valois; la présidence de la République avait de Gaulle pour les affaires sérieuses. Le PCF est contre l'indépendantisme algérien lors de Sétif et Guelma en 1945, il le sera encore en votant les pouvoirs spéciaux en 1956, il le sera toujours en s'opposant au *Manifeste des 121* qui appelait à l'insoumission en septembre 1960; il ne deviendra partisan du FLN qu'après les accords d'Évian en 1962... Le même PCF est contre l'avortement et la contraception parce qu'il ne veut pas que la femme communiste mène la vie de débauche des bourgeoises! Il est aussi contre Mai 68 dont il fait une affaire de fils et filles de la bourgeoisie quand ça n'était pas un désordre produit par un Juif allemand... Le tandem gaullo-communiste défendait une nation française souveraine. L'idée d'une Europe post-nationale était impensable. Le souverainisme n'était alors pas une insulte mais le minimum requis pour toute action politique possible. Tant que le général de Gaulle fut aux affaires, le projet américain de faire de l'Europe une province états-unienne ne fut pas d'actualité. Mais ce le fut après sa disparition du pouvoir en 1969.

Mai 68 marque la fin de la domination gaullo-communiste qui se trouve remplacée par le

---

Furet, Alexandre Adler; les scientifiques Joliot-Curie, Wallon, Langevin, Marcel Prenant; les psychanalystes Dolto, Roudinesco, Leibovici. Etc.

tandem libéral-libertaire. La philosophie d'avant Mai était globalement marxiste ; celle d'après sera structuraliste, puis déconstructionniste. Elle remplace la formule marxiste prosoviétique par une formule néolibérale atlantiste. Si l'on veut une image : le Sartre normalien de la *Critique de la raison dialectique* (1962) qui laissait de Gaulle de marbre fait place au BHL normalien de *La Barbarie à visage humain* (1977) qui a tant réjoui Valéry Giscard d'Estaing...

Le structuralisme est l'un des avatars du platonisme pour lequel l'idée est plus vraie que le réel. C'est la table rase en matière de linguistique et de langage avec Barthes, d'anthropologie avec Lévi-Strauss, de psychologie avec Lacan, d'histoire avec Althusser, de vérité avec Derrida, de sexualité avec Foucault, de rationalité avec Deleuze.

Le matérialisme dialectique s'évapore au profit d'un nihilisme déconstructionniste : la langue est fasciste ; la civilisation judéo-chrétienne se trouve reléguée ; le sujet conscient disparaît sous un inconscient littéraire ; les masses et le prolétariat ne font plus l'histoire ; à chacun sa vérité devint la vérité ; la marge sexuelle est la norme ; le schizophrène fournit le prototype de la raison pure.

Voici les lignes de force du *gauchisme culturel* dans lequel nous vivons depuis l'après-Mai 68. Quel est son catéchisme ? il faut détruire le langage porteur phallocrate des stéréotypes de classe et de genre ; il faut accélérer le processus d'effondrement de la civilisation judéo-chrétienne et célébrer tout ce qui travaille à sa perte; il faut nier la nature humaine, la biologie, l'anatomie, la physiologie au nom d'un corps conceptuel décrété plus vrai que le corps réel; il faut abolir la liberté, le choix, la responsabilité individuelle au nom des déterminismes sociaux et sociologiques; il faut donner aux minorités raciales, sexuelles, culturelles, religieuses le rôle d'auteurs avant-gardistes de l'Histoire; il faut en finir avec la vérité une et unique au profit d'un perspectivisme dans lequel tout vaut tout; il faut pulvériser la figure patriarcale du couple monogame au profit de la mécanique glacée des agencements égotistes; il faut mettre en cause la raison raisonnable et raisonnante et valider le discours de la méthode du fou.

L'idéologie structuraliste réjouit les États-Unis. C'est d'ailleurs aux USA que cette pensée devient la... *French Theory*! Cette pensée soixante-huitarde réjouit l'Oncle Sam puisqu'elle est critique à l'endroit du bloc soviétique – qui d'ailleurs disparaît en 1991... Auréolée de son prestige obtenu sur deux ou trois campus outre-Atlantique, elle rentre en France en vainqueur d'une guerre picrocholine. Peu importent les jeux verbaux de la théorie française, elle éloigne du marxisme culturel, du communisme politique, de la révolution prolétarienne, de la menace soviétique : c'est tout ce qu'on lui demande.

C'est d'ailleurs tout ce que Giscard d'Estaing lui demande quand il fait savoir habilement que les nouveaux philosophes l'intéressent beaucoup. Après une fameuse prestation télévisée, un numéro d'*Apostrophes* avec BHL, Glucksmann, Maurice Clavel et les auteurs de *Contre la nouvelle philosophie*, Aubral et Delcourt, mais aussi une couverture médiatique invraisemblable, le président de la République française invite BHL, Glucksmann et Clavel à un déjeuner à l'Élysée en septembre 1978. Bien sûr, ils s'y rendent.

Giscard a désormais ses penseurs, le giscardisme a ses idéologues. Sauf une parenthèse entre 1981 et 1983, le giscardisme est au pouvoir depuis 1974 – nous allons vers le demi-siècle... Il triomphe aujourd'hui avec les défenseurs de l'État maastrichien dont on ne s'étonnera pas qu'ils soient pour beaucoup d'anciens gauchistes de Mai 68 : Daniel Cohn-Bendit, Alain Geismar, Serge July, Henri Weber, Romain Goupil, Lionel Jospin, Pierre Moscovici. La haine du gaullisme les soude : c'est leur seule fidélité.

Cette idéologie est donc une force dont la forme est l'État maastrichien. L'Europe est une vieille idée. Le christianisme l'a voulue, la Révolution française l'a voulue, l'Empire napoléonien l'a voulue, le marxisme-léninisme l'a voulue, le national-socialisme l'a voulue, chaque fois avec des guerres qui ont fait couler beaucoup de sang.

L'Amérique l'a aussi voulue, elle l'a voulue américaine, bien entendu. Le débarquement en Normandie, doublé du projet politique de l'AMGOT, était un cheval de Troie voulu par le général Giraud et... Jean Monnet*. Tant que le général de Gaulle a été au pouvoir, l'Europe était pensée comme constituée de nations souveraines.

Giscard d'Estaing a toujours été antigaulliste, donc antisouverainiste. C'est à lui qu'on doit, alors qu'il était ministre des Finances du Général, la confidence qu'il ne voterait pas « Oui » au référendum de 1969 dont de Gaulle avait fait un plébiscite. La gauche votant contre, cette partie libérale, européiste et atlantiste de la droite votant contre, il était écrit, avant même que les résultats soient connus, que le général de Gaulle quitterait le pouvoir.

Devenu président de la République, Giscard prononce sciemment le soir même un discours en

---

* Rappelons que Jean Monnet fit fortune à Saint-Pierre-et-Miquelon en vendant du cognac de façon illégale à des contrebandiers américains, donc à la mafia, pendant l'époque de la Prohibition. Cette fortune lui permit ensuite de créer sa propre banque à Chicago en 1929 : la Bancamerica. Giraudiste, il a pendant la Deuxième Guerre mondiale le projet de supprimer physiquement le général de Gaulle. La CIA a financé le personnage et ses projets : atlantisme, promotion du libre-échange, célébration du libéralisme, haine du souverainisme et, bien sûr, construction européenne. L'État maastrichien est sa créature. Les cendres de cet homme ont été transférées au Panthéon par François Mitterrand à la faveur du centième anniversaire de sa naissance le 9 novembre 1988. On ne compte plus les établissements scolaires qui portent son nom...

anglais devant la presse étrangère. À la façon américaine, genre Kennedy, il désacralise la fonction, se montre torse nu dans une piscine, jouant au foot, faisant du ski, en compagnie de son épouse devant un feu de bois pour présenter ses vœux de fin d'année. On le voit jouer de l'accordéon en compagnie de Danièle Gilbert, convier avec condescendance des videurs de poubelles à son petit déjeuner, s'inviter chez des Français moyens pour partager leur dîner – le tout devant force caméras.

Mais c'est surtout sa politique qui inaugure l'avènement de l'État maastrichien. Il pose les bases d'une Europe libérale qui sera celle à laquelle François Mitterrand, soucieux de faire passer la pilule de sa trahison du socialisme avec une idéologie de substitution, appelle à se rallier avec le traité de Maastricht en 1992.

Sans discontinuer depuis 1974, sauf, je le répète, les quelques mois où Mitterrand a gouverné à gauche (entre son arrivée à l'Élysée le 8 mai 1981 et le 21 mars 1983, date du tournant dit de la rigueur), le giscardisme fait la loi avec, en avant-garde politique, les anciens gauchistes convertis à cette nouvelle religion d'État qui se sont dits *socialistes* hier et qui s'affirment progressistes aujourd'hui afin de se persuader qu'ils n'ont pas trahi leurs idéaux et qu'ils demeurent fidèles. Or, à la manière de Don Juan passant d'une brune à une blonde avant d'essayer une rousse, et de revenir à une brune, ils ont été fidèles, certes, mais seulement à eux-mêmes.

En près d'un quart de siècle, cet État maastrichien est devenu aussi toxique que les régimes jadis soutenus par ces anciens soixante-huitards – en cela, ils sont restés fidèles : ils aiment les formes politiques qui tiennent les peuples en laisse.

Cette forme politique a été vendue avec les méthodes de la publicité, sinon de la propagande. À longueur de médias du service public en appoint des médias privés, l'Europe maastrichienne a été présentée comme la seule forme d'Europe possible ; refuser l'Europe libérale, parce qu'elle était libérale et non parce qu'elle était Europe, c'était refuser l'Europe, toutes les formes possibles d'Europe, toute idée même d'Europe. C'était en même temps vouloir le nationalisme dont François Mitterrand nous fit savoir au Bundestag allemand sans jamais le prouver que c'était la guerre ! On eût pourtant apprécié, venant de cet homme qui fut jadis compagnon de route de la Cagoule, décoré de la francisque des mains mêmes du maréchal Pétain, et qui fustigea le lobby juif en présence de Jean d'Ormesson lors de son dernier déjeuner officiel à l'Élysée, quelles raisons et quels arguments lui permettaient d'affirmer que les nations c'est le nationalisme et que le nationalisme c'est la guerre ! Car la Première Guerre mondiale ne fut pas une guerre entre nations, mais un conflit mondial entre empires, ce qui n'est pas la même chose. Et les empires, c'est la guerre, certes, bien plus sûrement que les nations.

Le contenu de la propagande ne s'est pas limité à présenter la France comme une nation qui devait mourir avant de renaître dans... un nouvel État dominé par l'Allemagne ! L'intoxication a également consisté à faire savoir que l'Europe de Maastricht ce serait la fin du chômage, le plein emploi, l'amitié entre les peuples, la disparition des guerres, la prospérité générale, l'harmonisation sociale par le haut.

Un quart de siècle plus tard, ce qui fut promis ne vint pas et ce fut même le contraire de la promesse qui advint : paupérisation galopante, prolifération du racisme et de l'antisémitisme, participation aux guerres atlantistes sur le restant de la planète, destruction des équilibres au Proche et au Moyen-Orient, effondrement des systèmes de protection sociale et du service public. Jamais promesse ne fut à ce point trahie.

Le « Oui » à Maastricht en 1992 a été extrêmement serré. Et l'on sait aujourd'hui que le grand débat qui opposa Mitterrand le 3 septembre 1992, le tenant du « Oui », à Philippe Séguin, le défenseur du « Non », a permis à celui qui a parfois été surnommé « le Florentin » de montrer qu'il possédait son *Prince* sur le bout des doigts. Il y eut en effet la scène du grand amphithéâtre de la Sorbonne retransmise à la télévision ; et puis il y eut aussi les coulisses de ce même grand théâtre. Le grand débat ne s'est pas joué face au public devant les caméras, mais dans le labyrinthe de ce bâtiment où François Mitterrand, affaibli par un cancer, s'était déplacé avec son équipe médicale qui, réfugiée dans une loge, *porte fort opportunément ouverte*, s'affairait autour de lui au moment de l'entracte. On ne me fera pas croire que ce qui a été vu n'a pas été montré : la présidence de la République disposait de tous les moyens pour rendre invisible ce qui a été sciemment utilisé par le chef d'État malade à des fins politiques. Cette scène dantesque fut vue par Philippe Séguin qui, quelques minutes plus tard, alors que Mitterrand tardait à rejoindre la scène, remonta sur le ring assommé par ce qu'il avait aperçu et, *de ce fait*, retint ses coups. Il le fit savoir ensuite. Guillaume Durand qui animait le débat dira plus tard : Mitterrand « a en partie joué sa vie politique dans cette aventure* »...

Le soir du référendum, le 20 septembre 1992, François Mitterrand, qui était juge et partie de cette consultation dans laquelle il jouait gros, a annoncé le résultat après que les instituts de sondage fussent restés muets pendant un long moment après 20 heures ! De l'Élysée, le président de la

---

* https://www.youtube.com/watch?v=-W83VCq2DNA

République prit la parole et annonça un résultat : sa voix performative fit que le «Oui» annoncé devint une adhésion souveraine pour l'Histoire… Qui disposait des moyens de faire le compte final, sinon lui dont la vie témoigne qu'il n'eut pas d'autre passion fidèle que lui-même?

Concoctée par des libéraux atlantistes, vendue par des communicants nourris au biberon éthique de Séguéla, sous-traitée par les journalistes et les intellectuels du système dans les médias *ad hoc*, soit d'État, soit financés par l'État, attaquée dans un débat des Horaces et des Curiaces par un opposant qui retint ses coups, défendue par un président de la République que la morale n'a jamais étouffé, l'Europe de Maastricht fut portée sur des fonts baptismaux remplis d'eaux sales.

Cette Europe eut pour elle pendant plus de deux décennies *tous les pouvoirs* et *tous les médias* du système. Durant ces presque vingt-cinq ans, la criminalisation de toute pensée critique n'a cessé : quiconque ne souscrivait pas à ce projet d'abolition de la souveraineté de la nation au profit d'un idéal qui s'est avéré une arnaque avec le temps était *sociologiquement* un inculte, un vieux, un rural, un sous-diplômé, un pauvre, un illettré, et *politiquement* un nationaliste, un belliciste, un raciste, un xénophobe, puis, plus tard, un homophobe, un populiste, mais toujours un vichyste, un pétainiste, un nazi.

Le roi des tracts de cette coterie fut incontestablement BHL qui ne ménagea pas ses efforts, son temps, son énergie et son argent. Car le triomphe de l'État maastrichien, c'est celui des nouveaux philosophes pour la ligne politique libérale opposée à une gauche digne de ce nom et du structuralisme pour la ligne nihiliste. Cette ligne *libérale-nihiliste,* plus que libérale-libertaire, c'est incontestablement la défaite de Sartre.

Malgré ce matraquage idéologique en règle à l'école, dans les journaux, dans les médias, dans l'édition, dans la vie politique, l'Europe maastrichienne ne fait plus rêver. Et pour cause : on ne peut abuser longtemps un peuple qui finit par voir ce qu'il y a à voir plutôt que ce que l'on s'évertue à lui faire croire. On lui a proposé le paradis en 1992, et ce pendant plus de deux décennies, or, il le voit bien, il vit dans un enfer.

La première fois qu'on lui a donné l'autorisation de donner son avis, ce fut avec un référendum sur le traité constitutionnel européen le 29 mai 2005 sur la proposition de Jacques Chirac. On connaît l'histoire : le peuple s'est exprimé souverainement et a fait savoir à 54,68 % qu'il refusait ce traité.

Qu'à cela ne tienne, Chirac quitte le pouvoir, Sarkozy le remplace : il fait voter par l'Assemblée nationale et le Sénat – contre le vote du peuple – le traité de Lisbonne qui, aux dires même de Giscard d'Estaing, est le même traité que celui qui

27

a été refusé en 2005 avec quelques modifications pour donner le change*, notamment des déplacements de paragraphes... Les sarkozystes et le Parti socialiste alors dirigé par un certain François Hollande votent contre le peuple. Ceci est proprement un coup d'État des élus contre le peuple.

Décidément, l'Europe maastrichienne ne recule devant aucun moyen pour être et durer : propagande, mensonge, endoctrinement, calomnie, diffamation, intoxication, trahison, forfaiture, et puis, dernièrement, non sans renoncer aux vices précités, répression policière sans retenue et invention d'une présomption de culpabilité pour certains manifestants.

Car il ne fait aucun doute que le mouvement des Gilets jaunes, dans son origine et pour l'essentiel de ses revendications qui sont connues et clairement identifiables, manifeste le retour du refoulé maastrichien.

À cette heure, il existe un État maastrichien : il a son drapeau, sa devise, son hymne, sa Constitution, ses élus, son Parlement, ses instances dirigeantes, son droit, ses lois, son idéologie libérale-nihiliste. Cet État qui vise à prospérer se veut empire et envisage de s'agrandir.

---

* https://www.lemonde.fr/idees/article/2007/10/26/la-boite-a-outils-du-traite-de-lisbonne-par-valery-giscard-d-estaing_971616_3232.html

28

Les Gilets jaunes n'en peuvent plus de cet État qui leur mène la vie dure. Ils voient bien que ce Moloch est fort avec les faibles – eux –, et faible avec les forts. Ils sont dans la rue pour dire d'abord leur souffrance puis, face à la réponse policière que le pouvoir maastrichien leur réserve depuis des mois, leur colère – une colère qui menace de faire plus de dégâts que ce que ce pouvoir ne semble imaginer.

L'analyse qu'Orwell propose de la dictature est utile pour comprendre notre présent. Dès lors, elle est également utile pour préparer notre futur. Elle permet de se souvenir que La Boétie a donné la seule voie possible pour qui veut en finir avec une dictature : « Soyez résolus de ne plus servir, et vous voilà libres. »

2
Théoriser la dictature

« L'adoption définitive du novlangue
avait été fixée à cette date si tardive : 2050[F.439]* »

Nous vivons en *1984* au moins depuis 1983... Le
roman d'Orwell est une fiction vraie, un rêve concret,
une utopie réalisée, autrement dit : un modèle de
société totalitaire ayant fonctionné dans le passé mais
qui montre également qu'il va produire ses effets
dans le futur puisqu'il est actif dans notre présent

1984 s'inspire bien sûr des totalitarismes de la
première moitié du XXᵉ siècle et nombre de
moments dans l'œuvre font songer au national-

---

* Les numéros de page qui ne sont pas précédés d'un F. renvoient à l'édition de *1984* de Josée Kamoun (Gallimard, 2018).
S'ils sont précédés d'un F., ils renvoient à l'édition Folio (n° 822),
traduction d'Amélie Audiberti, 1950. Mes compétences en anglais
ne me permettent pas de juger du bien-fondé de ces deux traductions. Pendant plus d'un demi-siècle, la plus ancienne, qui a fait
autorité, a généré des entrées de certains mots de *1984* dans le langage courant – je songe à «novlangue», un mot masculin,
rappelons-le, *le* novlangue et non pas *la* novlangue[F.301], à «police de
la pensée», à «bien-pensant[F.300]», à «crime de la pensée[F.38]». Était-il
nécessaire de traduire différemment, au risque de créer une
errance conceptuelle, avec des mots comme «néoparler[247]», «mentopolice[247]», «bonpenser», «mentocrime», ou bien de faire de
«l'ancien langage[F.46]» un «obsoparler[48]»? Je n'en suis pas certain...

socialisme, puis au marxisme-léninisme, mais ce livre glacé et glacial augure également de ce que peuvent être des régimes à venir. Rappelons que le roman se propose l'horizon 2050 pour réaliser son programme d'abrutissement des masses et de destruction de la civilisation. Dans la fiction tout autant que dans la réalité, nous nous trouvons dans cette période qui vise à l'instauration d'un empire. Je pose cette hypothèse que *l'Empire maastrichien est l'une des formes prises par la société totalitaire décrite par Orwell dans ce roman.*

Des débats byzantins opposent depuis un demi-siècle ceux qui estiment que le totalitarisme brun est pire que le totalitarisme rouge... Les nazis auraient voulu dès le départ un *État de race* qui s'avérerait moins défendable que l'*État de classe* auquel aspiraient les marxistes-léninistes. Quelle différence pour ceux qui ont péri dans un camp national-socialiste parce qu'ils *étaient nés* juifs, mais aussi parce qu'ils *étaient devenus* communistes ou francs-maçons, laïcs ou Témoins de Jéhovah, résistants ou homosexuels, avec ceux qui sont morts parce qu'ils *étaient nés* nobles ou riches, propriétaires ou issus d'un lignage militaire ayant servi le régime tsariste ? Quelle différence, en effet, pour un cadavre, qu'il le soit devenu parce qu'il était *né juif* ou parce qu'il était *né noble* ? Car le « Juif » et l'« Aristocrate » étaient *des condamnés de naissance* par l'un ou l'autre de ces deux régimes.

Anne Frank, quinze ans, est morte parce que *née* juive ; de même Alexis Nikolaïevitch, treize ans, et sa sœur, Anastasia, dix-sept ans, tués par balle, sur ordre exprès de Lénine, puis achevés à la baïonnette, brûlés, défigurés à l'acide sulfurique parce que *nés* enfants du tsar. On pourrait également rappeler comment la Révolution française a tué à petit feu Louis XVII coupable d'être le fils de ses parents. Faut-il hiérarchiser les abjections quand il s'agit de personnes tuées du simple fait qu'elles sont nées?

De la même manière qu'on ne voit pas la lettre exposée aux regards dans *La Lettre volée* d'Edgar Poe, on ne distingue jamais ce qui crève les yeux au point qu'on ne le signale jamais : *nazisme* est le signifiant français qui contracte l'allemand *national et socialiste.* Pour que la chose ait été claire, il eût fallu bien plutôt dire *natsoc* comme on a dit *radsoc* pour caractériser les radicaux-socialistes en leur temps. Or, dans national-socialisme on oublie un mot important et qui est... socialisme! L'usage du terme nazisme permet de noyer le socialisme qui disparaît dans le suffixe -zi. La volonté de distinguer les deux totalitarismes a toujours pour soubassement le désir d'en sauver un – celui des bolcheviks.

Le libertaire George Orwell ne souhaitait pas sauver le totalitarisme bolchevique sous prétexte qu'il se serait opposé au totalitarisme national-socialiste, et ce par nature. Car il existe un autre point aveugle de l'histoire : le national-socialisme et le marxisme-léninisme ont fait cause commune lors du pacte germano-soviétique qui a uni les nazis et les bolcheviks entre le 23 août 1939 et le

33

22 juin 1941 – soit presque deux années d'une guerre qui en a compté cinq... Rappelons également que ce pacte n'a pas été dénoncé par les bolcheviks, mais par les nazis qui, lors de l'opération Barbarossa, ont envahi l'Union soviétique en y mettant fin avec leurs colonnes de blindés. Cette collaboration bolcho-nazie s'appuyait sur un programme commun qui unissait alors les deux idéologies monstrueuses dans une même haine contre la ploutocratie juive et anglaise, la résistance gaulliste, le capitalisme américain, la démocratie parlementaire, l'art dit dégénéré, pour ne prendre que quelques exemples. On pourrait y ajouter un goût partagé pour le pouvoir dictatorial d'un seul homme dont la parole crée le droit.

Le mythe du Parti communiste résistant se constitue après guerre par la volonté du général de Gaulle qui s'associe au Parti communiste français dans le dessein d'effacer le passé afin de rendre possible un présent qui se proposait un avenir de prospérité bourgeoise et de progrès technologiques. Ce fut le prix idéologique à payer pour les Trente Glorieuses (1945-1973). Il n'y eut pas de Nuremberg pour les crimes du bolchevisme, on put alors travailler tranquillement aux projets du nucléaire, du *Concorde* et du TGV...

1984 renvoie au totalitarisme marxiste-léniniste dans un certain nombre de scènes : l'épaisse moustache noire de Big Brother fait songer à celle de Staline[11] ; la pénurie de denrées de première nécessité

– lames de rasoir, boutons, fil à repriser, lacets[63], tabac, chocolat[73], sucre, pain, confiture, boîte de lait, café[166]; celle des produits de luxe – vin[203], cigarettes[206], alcools; l'instauration de tickets de rationnement[313]; l'effacement de toute trace de vie des criminels par la pensée, qui ont été physiquement supprimés[27]; le remplacement du vocable «monsieur» par celui de «camarade[43]»; un «Ennemi du peuple» assimilable par plus d'un trait à Trotski – «un visage émacié de Juif, auréolé de cheveux blancs mousseux, avec un petit bouc[22]», un nez effilé avec des lunettes; la retouche des photos pour supprimer tel ou tel dignitaire devenu indésirable[53]; l'invisibilité des «cerveaux-directeurs» qui donnent les grandes directions à l'Empire[56]; le mépris des prolétaires sous couvert de travailler pour eux[66]; la disparition de la littérature classique[66]; la prohibition du parfum et de la mode[79]; l'interdiction de la prostitution, mais sa tolérance politique[81]; le puritanisme dans le Parti[81]; l'organisation de procès publics avec autocritiques, réhabilitations, nouvelles disgrâces[93]; la liquidation avec de grandes purges[96]; la réaffectation profane des églises[119]; l'économie parallèle avec son marché noir[145]; le culte de la mort et la course à l'arme atomique[229]; les stratégies tortionnaires pour obtenir des aveux[282]; le traitement psychiatrique de l'opposition[296]; la négation des lois de la nature[310].

1984 renvoie également au totalitarisme national-socialiste dans un certain nombre d'autres scènes qui n'excluent pas toutes les précédentes : pendaisons publiques des opposants[35]; hygiénisme et sport obligatoire en public[44]; idéal d'un corps sain[75]; mariage et procréation dirigée par l'État[81]; eugénisme et éloge de l'insémination artificielle afin de contrôler la reproduction[81]; éducation collective et communautaire des enfants[81]; destruction des livres subversifs[117]; usage politique de Dieu[323].

Mais *1984 renvoie également aux deux totalitarismes* : exposition publique et permanente du visage du dictateur[11]; surveillance policière perpétuelle[13]; concentration du pouvoir dans des bâtiments aux architectures démesurées[14]; vociférations de slogans simplistes[14]; condamnation aux travaux forcés[15]; criminalisation de la pensée critique ou d'opposition[296]; diffusion de la musique militaire par des médias de masse[58]; propagande par les radios, les journaux et le cinéma[241]; nécessité de fomenter et d'entretenir la guerre[176]; création d'un ennemi de l'intérieur qu'il faut sans cesse combattre[46]; réécriture de l'histoire[46]; haine théâtralisée en cérémonies[23]; puritanisme sexuel[158]; haine de l'individu[25]; interdiction de la solitude[100]; loisirs communautaires obligatoires[100]; arrestation nocturne des coupables de crimes de la pensée et incarcération sans procès[29]; endoctrinement des enfants dès le plus jeune âge[35]; règne généralisé de la dénonciation, y compris par les enfants[35]; manifestations de déférence en présence des hymnes, drapeaux de l'Empire; existence de coupons d'alimentation[43]; réécriture des journaux et des archives pour effacer les erreurs passées[51]; création de figures héroïques qui n'existent pas[57]; diffusion de fausses nouvelles qui s'avèrent positives pour le gouvernement[72]; recours à l'uniforme[74]; usage très parcimonieux du divorce[82]; existence d'une littérature de propagande[88]; idéal fixé par le Parti[91]; traque aux livres subversifs[117]; création de musées de la Propagande[119]; patrouilles militaires qui contrôlent le quidam[140]; pratiques de l'interrogatoire et de la torture[198]; concentration de la propriété dans les mains des oligarques[242]; instauration de l'inégalité économique permanente[242]; uniformisation linguistique sur le territoire de l'Empire[245]; usage d'intellectuels au service du Parti[250]; déportation dans des camps de travail où règne la loi de la jungle[266]; rasage des crânes de prisonniers[282]; déliaison des hommes et des femmes, des parents et des enfants, des hommes entre eux[312].

Enfin, 1984 renvoie à des scènes qui se trouvent au-delà de ces deux totalitarismes et qui, en plus des quelques morceaux choisis prélevés dans les totalitarismes anciens, font songer à notre époque : patrouilles de police par hélicoptère[11]; usage politique de la pornographie[56]; mobilisation générale des écrans pour surveiller et punir[198]; abolition de la vie privée par ces mêmes écrans[242]; invisibilité du pouvoir central[244]; prohibition des prolétaires dans les sphères du pouvoir[245]; modification de la langue afin de transformer le réel[252]; abolition de la différence entre la beauté et la laideur[313] ; célébration de la haine et des passions tristes[335] ; traduction des classiques sous prétexte de les faire comprendre[363] ; élimination de la culture passée[363]...

*

Donc : théorie de la dictature. N'est-ce pas y aller un peu fort? Pas sûr, hélas... Nous l'allons montrer tout à l'heure! Avant d'aller plus loin : qu'est-ce qu'une théorie? On a vu qu'étymologiquement c'est une *contemplation*. Littré écrit de la théorie, outre ce que l'on sait déjà, que le mot qualifie la spéculation à propos d'un objet, et que c'est également un terme d'art militaire qui signifie «principes de la manœuvre». Qui niera qu'il y ait des gens à la manœuvre pour asseoir et assurer le pouvoir?

Quant à la dictature, le lexicographe – qui a conçu son dictionnaire avant les totalitarismes du XXᵉ siècle – n'a pu qu'en dire ce qui se formulait en regard de Rome où elle qualifiait le moment politique dans lequel on confiait tous les pouvoirs à un seul homme afin qu'il réalise ce pour quoi il avait été mandaté, après quoi il perdait ce droit qu'il rendait. Interrogeons alors Alain Rey et ce qu'il en dit dans son *Dictionnaire historique de la langue française* : «Concentration de tous les pouvoirs entre les mains d'un individu, d'une assemblée, d'un parti; organisation politique caractérisée par cette concentration de pouvoirs.»

3

Ce que dit *1984*

Avec *1984*, George Orwell propose un grand livre de philosophie politique qui prend la forme d'un roman. L'intrigue de cette œuvre est d'ailleurs très mince, très maigre. Elle est presque un prétexte à l'exposition d'une pensée philosophique : l'action se déroule en Angleterre, en 1984 donc, trente ans après qu'une bombe atomique y a explosé lors d'une guerre ayant opposé l'Est à l'Ouest. Un régime totalitaire est sorti de cette catastrophe nucléaire. Le monde se partage en trois grands blocs structurés autour d'une idéologie totalitaire : l'Angsoc, autrement dit le socialisme anglais, pour Océania, le néo-bolchevisme pour Eurasia et le culte de la mort pour Estasia. Ces trois régimes sont originairement socialistes et ont évolué vers un totalitarisme qui impose moins la dictature du prolétariat que sa dictature sur le prolétariat. Il existe un quatrième bloc qui fait l'objet des convoitises entre les trois premiers. Voilà pour le décor général.

Le héros du roman, Winston Smith, habite Londres. Il a trente-neuf ans. Il appartient au Parti et travaille au ministère de la Vérité situé dans un immense bâtiment de trois cents mètres de haut. Il y réécrit l'histoire afin qu'elle permette au Parti de prétendre qu'il a toujours dit vrai, qu'il a annoncé ce qui a eu lieu, qu'il ne s'est jamais trompé, qu'il n'a commis aucune erreur et que ce qui relèverait de la négativité serait un mensonge colporté par les opposants. Tout ce qui fut et n'est plus, par exemple à la faveur d'un nouveau jeu d'alliances qui a laissé des traces, doit disparaître. C'est son métier d'y travailler.

Winston sait donc ce que les autres ne doivent pas savoir. Il est au courant de ce qu'ils doivent ignorer. Et il doit ignorer ce qu'il sait ; mieux : il doit même ignorer qu'il ignore ce qu'il sait pour l'avoir su, puis détruit.

Fort de ce savoir, il commence un journal le 4 avril 1984 sans être très sûr de la date tant le pouvoir a effacé le temps et gouverne sa mesure... Il n'ignore pas que cette initiative signe le début de sa propre fin, car, chacun étant perpétuellement sous contrôle, il sait qu'on saura et qu'il sera démasqué. Peu importe. Il achète un cahier, ce qui est puni par vingt-cinq années de travaux forcés. Dans chaque appartement se trouve un « télécran » qui permet au pouvoir de voir sans être vu, d'entendre sans être entendu : rien ne lui échappe. Mais un angle mort laisse à Winston l'impression qu'il peut se soustraire au contrôle continu. Le télécran diffuse de la musique militaire.

Il se met à écrire mais n'y parvient pas ; il a l'impression de ne plus savoir s'exprimer, dire ou raconter simplement les choses ; il perd ses idées ; il est troublé en présence de la page blanche; il commence et décrit la scène d'«un bateau de réfugiés bombardé quelque part en Méditerranée[18]»; les femmes et les enfants ne sont pas épargnés par le feu; ceux qui cherchent à fuir en se jetant à l'eau sont tués : la mer est rouge du sang des victimes; une mère protège son enfant; un hélicoptère largue une bombe qui explose le canot. Cette scène, Winston l'a vue aux actualités du cinéma où il s'est rendu. Il la raconte, il la décrit, il l'écrit.

Winston rencontre une jeune et belle fille, mais il la craint. Elle travaille au service littérature où «il l'a souvent vue avec une clé anglaise entre ses mains poisseuses de cambouis : sans doute est-elle mécanicienne sur machine à romans[20]». Elle est brune, peut avoir un peu moins de trente ans, a des taches de rousseur et ses gestes sont ceux d'une sportive. Elle porte le vêtement de la «Jeunesse Antisexe[20]». Elle l'a regardé, il a craint ce regard : Winston estime que les femmes constituent les militantes les plus farouches de la cause. Il croit qu'elle pourrait très bien travailler à la «Police de la Pensée».

Winston rencontre un autre personnage : O'Brien[21] qui fait partie des hautes sphères du Parti Intérieur, il en porte l'uniforme – une combinaison noire. C'est «un grand gaillard au cou de taureau, doté d'un visage brutal et grossier sous lequel perce l'humour[21]». Il porte des lunettes. Malgré tout cela, il se dégage de lui des manières et du charme. Instinctivement, Winston estime qu'il n'est probablement pas d'une parfaite orthodoxie. Mais comment le savoir, voire le lui faire savoir ?

Winston et O'Brien participent aux « Deux Minutes de la Haine[22] » consacrées à Emmanuel Goldstein, « l'Ennemi du Peuple[22] » dont on montre l'image sur grand écran et qui se trouve hué, conspué, insulté, sous prétexte qu'il serait le traître, le renégat du Parti et aurait quitté le pays pour vivre en exil d'où il tirerait les ficelles de toute opposition dans Océania.

À mots couverts, dans Océania, on parle de l'existence d'un mouvement clandestin d'opposition : « Fraternité[27] ». Mais rien ne permet de savoir si c'est vrai ou faux. On sait que des opposants sont arrêtés au petit matin et qu'ils disparaissent sans procès, puis que toute trace d'eux sur cette planète se trouve ensuite effacée.

À son bureau, Winston écrit contre Big Brother qui est le chef du Parti : des affiches montrent son visage partout mais nul ne sait où il est. Par le télécran, il contrôle tout et, donc, il sait tout. Winston écrit tout de même contre Big Brother, il sait qu'il va mourir, qu'on lui tirera une balle dans la nuque, mais il affirme qu'« il s'en fout[29] ». À ce moment, on frappe à sa porte…

C'est une voisine dont l'évier est bouché. Il s'agit de la femme de l'un de ses collègues dont les enfants sont endoctrinés, assistent aux exécutions capitales mensuelles, écoutent aux portes et dénoncent à la police de la pensée ceux qu'ils suspectent. Les parents sont fiers de leurs enfants dénonciateurs – et ils leur devront un jour leur propre arrestation…

Ce que dit 1984

Un rêve de Winston nous permet d'apprendre qu'il a perdu ses parents dans les purges des années 50; des souvenirs de ses parents, de son enfance et de sa sœur lui reviennent. Le télécran le réveille. Il fait sa gymnastique devant l'appareil.

Au travail, Winston détruit des journaux, les réécrit en fonction de l'intérêt du Parti. Par exemple, ce qui a été annoncé mais qui n'a pas eu lieu est modifié : on efface et on prédit sans risque ce qui a eu lieu puisque... ce qui a eu lieu a bien eu lieu ! Les livres, les journaux, les archives, les tracts, les périodiques, les brochures, les affiches, les prospectus, les films, les enregistrements sonores, les dessins animés, les photos, les poèmes – tout y passe...

Dans Océania, on manque des produits de première nécessité et le luxe n'a pas lieu d'être. Tout est sale, gras, crasseux. La nourriture et l'alcool sont de très mauvaise qualité.

Le télécran annonce de fausses nouvelles : la bataille de la production est gagnée, le niveau de vie a augmenté, la délinquance a disparu, les biens de consommation sont en augmentation, la maladie recule, les enfants naissent en grand nombre. Les gens manifestent leur bonheur. On distribue des rations de tabac et de chocolat. Tout le monde est laid. Tous portent l'uniforme bleu.

On apprend que Winston a été marié avec Katharine et qu'il avait horreur de la sexualité avec elle parce qu'elle visait la production d'un enfant qui ne vit jamais le jour. Les femmes sont conditionnées à ne pas aimer l'acte sexuel qui se trouve réduit par le pouvoir à un pur et simple mécanisme de reproduction... La vie privée est interdite, la solitude impossible ou impensable, les loisirs collectifs imposent un usage hygiéniste du corps.

Winston s'aventure dans des quartiers périphériques, loin du centre réservé aux classes dirigeantes. L'un des quartiers populeux s'est fait bombarder. En fait, le pouvoir envoie lui-même les bombes afin de faire croire à un état de guerre qui désigne des ennemis utiles pour fédérer la population. Il entre dans un bar crasseux où les gens jouent au loto. La salle n'a pas de télécran. Winston questionne les anciens sur la vie d'avant : il ne leur reste que des bribes de souvenirs personnels qui s'avèrent complètement inutiles. Il entre dans un magasin de vieilleries : des meubles, une brocante. On a construit des musées de la Propagande dans d'anciennes églises. On lui fait voir des gravures de l'époque d'avant... Il croise une femme du service littérature. Il craint qu'elle ne soit une espionne. Il envisage de la tuer, n'en fait rien, rentre chez lui et boit du mauvais gin.

Quatre jours plus tard, il la rencontre à nouveau. Elle a le bras en écharpe. Elle tombe ; il se précipite pour l'aider à se relever, elle part, non sans avoir eu le temps de lui glisser un billet sur lequel est écrit : « Je t'aime. » Il est fou de désir – et de crainte. Au réfectoire, ils parviennent difficilement à se donner rendez-vous. Ils se retrouvent dans un bois, y font l'amour puis se séparent.

Elle s'appelle Julia ; elle a vingt-six ans ; elle parle du

Parti avec des mots grossiers; elle lui offre du vrai chocolat acheté au marché noir; elle confesse faire souvent l'amour, avec des gens du Parti, et adorer le sexe; elle travaille à La Boîte à foutre[155], où elle fabrique des romans pornographiques... pour ainsi dire à la queue leu leu; elle dit détester le Parti; elle avoue être «corrompue jusqu'à l'os[149]». Ils se retrouvent régulièrement, elle prend l'initiative des rendez-vous, des lieux, des circonstances et des occasions.

Winston loue une chambre pour la rencontrer. Il s'attache à elle. Elle apporte du vrai sucre, du vrai pain et de la vraie confiture, du vrai lait et du vrai café, du vrai thé – car les membres du Parti de l'Intérieur ne manquent de rien. Elle se farde, se parfume, porte robe et talons, bas de soie et rouge à lèvres. Des rats grouillent partout...

Winston rencontre O'Brien, le lexicographe, un intellectuel donc, à son domicile. Il est membre du Parti de l'Intérieur. Son appartement est celui d'un privilégié. Odeurs de cuisine fine, domesticité en tenue blanche, vins précieux. Mais le plus étonnant est qu'il dispose d'un interrupteur qui lui permet d'éteindre le télécran : ils ne sont donc ni vus ni entendus... O'Brien sert du vin, une rareté dans le régime, et porte un toast à l'Ennemi Public Emmanuel Goldstein. Winston est donc convaincu qu'il a en face de lui un membre de la Fraternité, le mouvement d'opposition à Big Brother. O'Brien lui offre des cigarettes – une autre rareté; il lui donne les principes de la Fraternité puis le fameux ouvrage de Goldstein : *Théorie et pratique du collectivisme oligarchique*. Il a quinze jours pour le lire. Il se retrouve avec Julia qui lui demande de lui en lire des passages à haute voix. Ils sont dans la chambre qu'ils louent.

C'est alors qu'une voix sort du mur et leur dit qu'ils sont morts. La maison est encerclée, puis envahie par les policiers. Julia est frappée et Winston conduit en prison.

Winston ne sait combien de temps il a passé dans une cellule étroite, crasseuse, puante. Il doit faire face à la promiscuité, à la corruption, au favoritisme, à l'homosexualité, à la prostitution, au racket, à la contrebande d'alcool. Les postes de confiance sont donnés à des droits communs. Il est régulièrement passé à tabac. Il est malade. Il a le crâne rasé. Il a des traces de piqûres sur le corps. Et c'est l'intellectuel O'Brien qui torture Winston...

O'Brien dit : « Nous ne supportons pas qu'une pensée erronée existe où que ce soit dans le monde, si secrète et si vaine soit-elle[298]. » Puis il théorise la torture : il veut que l'aveu soit total et véritable et non de façade ou de convenance. Puis il apprend à Winston que ce livre d'Emmanuel Goldstein, il a contribué à sa rédaction, car c'est le pouvoir qui contrôle jusqu'à l'opposition...

On le place devant un miroir : Winston a vieilli prématurément, il est crasseux, galeux, il a perdu ses cheveux et ses dents, il pleure, il a été détruit par le Parti. O'Brien lui dit qu'il est « le dernier homme[318] ». Il a perdu jusqu'au sens du temps.

On le conduit dans la salle 101 de triste réputation. On ne sait ce qui s'y passe. Il le découvre : on y fait subir à chacun ce qu'est sa pire terreur – pour l'un c'est un enterrement vivant, pour l'autre être brûlé vif, pour un troisième, la noyade, un autre, subir le supplice du pal, etc.

Pour lui ce sera un dispositif particulier. Il craint les rats par-dessus tout. O'Brien lui montre une cage dans laquelle se trouvent les rongeurs affamés tout excités; ils sont carnivores. Cette cage se fixe sur le visage de Winston, une grille sépare les rats de son visage. O'Brien précise : « Le masque va s'adapter sur ton crâne, sans laisser d'issue. Quand j'actionnerai cette autre manette, la porte de la cage coulissera, et les bêtes affamées jailliront comme des boulets de canon. Tu as déjà vu un rat faire un bond? Ils vont te sauter à la figure et ronger ta chair. Parfois ils commencent par attaquer les yeux, parfois ils fouissent dans tes joues pour dévorer la langue[333]. » À deux doigts du supplice, il demande qu'on l'épargne et qu'on aille plutôt faire dévorer le visage de Julia.

Le pouvoir a gagné : la haine a triomphé, l'amour a perdu. C'est la loi du totalitarisme. Il est passé de l'autre côté. On peut donc le libérer. Il sort.

Quelque temps plus tard, il rencontre Julia dans un parc. Ils n'ont plus rien à se dire. Le pouvoir lui a trouvé du travail. Plus personne ne s'intéresse à lui. Winston se met à aimer Big Brother, Big Brother a donc vaincu. C'est à ce moment-là qu'une balle lui est tirée dans la nuque.

Cette trame romanesque est finalement simple : dans un régime totalitaire, un homme tombe amoureux d'une femme ; l'amour y est interdit en même temps que les sentiments et tout ce qui humanise ; il est donc arrêté et emprisonné, torturé mentalement et physiquement ; il finit par renoncer à l'amour en lui préférant la haine ; il est donc sauvé, selon les principes du système, autrement dit : il est perdu, le régime le supprime – et continue d'exister.

Sur cette trame romanesque se trouve greffé un discours philosophique. Et c'est ici qu'on peut entrevoir en quoi notre époque relève de la dictature entendue comme tyrannie d'une minorité. Orwell entretient du pouvoir et du totalitarisme, de la nature humaine, mais aussi et surtout de notre modernité : double langage ; police de la pensée ; usage du politiquement correct ; fabrication de l'opinion par les médias de masse ; contrôle de l'existence par les écrans ; abolition de la vie privée ; destruction du langage ; réécriture de l'histoire ; construction d'un ennemi médiatique ; propagation de fausses nouvelles ; gouvernement des élites ; éviction du peuple des centres de pouvoir ; invisibilité du gouvernement véritable ; appauvrissement de la langue ; production d'un corps hygiénique ; recours à la procréation médicalement assistée ; abolition de la vérité ; suppression de la solitude ; scénarisation des moments de haine; réjouissance aux fêtes obligatoires; réaffectation des églises; création de musées de la Propagande; destruction des livres; éjection des pauvres en périphérie des villes; organisation de la frustration sexuelle; industrialisation de la production artistique; administration de l'opposition; usage du progrès pour assurer la domination; aspiration à l'Empire; enseignement d'une langue unique; abaissement de l'instruction du peuple; psychiatrisation de toute pensée critique; formatage des enfants; destruction de la pulsion de vie; négation des lois de la nature; construction d'un réel fictionné; suppression de la beauté; pratique d'un volapük généralisé; invisibilité du pouvoir; achèvement du dernier homme.

Qui dira que nous n'y sommes pas déjà? 2050 est le terminus *ad quem* de cette entreprise totalitaire selon Orwell. Le roman commence dans les années 50, il escompte donc qu'un siècle suffit pour réaliser cette funeste prophétie. À quelle distance sommes-nous de la date finale? À la vitesse où vont les choses, Orwell aura peut-être raison : 2050 n'est pas un espoir vain pour les nihilistes qui se disent progressistes...

*

PREMIER COMMANDEMENT
DÉTRUIRE LA LIBERTÉ
« La servitude c'est la liberté[309] »

PRINCIPE 1
ASSURER UNE SURVEILLANCE PERPÉTUELLE
« L'invention de l'imprimerie a facilité
la manipulation de l'opinion, et le cinéma
et la radio ont parachevé le processus[241] »

Dans la fiction politique d'Orwell, des hélicoptères circulent dans le ciel des mégapoles[11]. Ils permettent à la police de se rendre en face des appartements afin de voir ce qui s'y passe. Ils vont de l'un à l'autre, arrivent de façon impromptue, repartent de la même manière; ils sont imprévisibles, mais chacun sait qu'ils peuvent arriver n'importe quand. La surveillance est donc perpétuelle.

Le courrier est ouvert avant d'être distribué[132]. Chacun sait de toute façon que les lettres sont vues et lues par le pouvoir. De toute façon, les gens écrivent de moins en moins parce qu'on leur a appris à écrire de moins en moins et qu'ils en ont perdu l'usage.

Mais il existe d'autres façons d'assurer ce pouvoir contrôleur : un télécran se trouve dans chaque appartement. Grâce à cet écran, le pouvoir peut entrer dans la vie de tout le monde et voir et entendre tout ce qui se passe et tout de ce qui se dit dans l'espace personnel et privé : un micro[140] et une caméra sont intégrés dans ces machines du pouvoir.

PRINCIPE 2
RUINER LA VIE PERSONNELLE
« Le développement de la télévision
et l'avancée technique permettant d'émettre
et de recevoir à partir du même appareil
ont signé la fin de la vie privée[241] »

C'est un privilège pour les gens du Parti de pouvoir désactiver le télécran dans leur domicile : eux seuls, parce qu'ils assurent la domination idéologique, peuvent y échapper[201]. Dans un pareil régime, la vie privée est donc impossible : tout ce qui est fait est vu, tout ce qui est dit est entendu.

Reste alors à chacun son *for intérieur,* qui permet de se retrouver avec soi-même. Mais le pouvoir a pour projet d'entrer dans le cerveau même du moindre citoyen.

PRINCIPE 3
SUPPRIMER LA SOLITUDE
« Faire quoi que ce soit qui dénote
un penchant pour la solitude [...]
n'est jamais tout à fait anodin[100] »

Le pouvoir est contre ce qu'il appelle toute « vie perso[100*] ». Toute vie personnelle, individuelle, singulière, subjective, se trouve en effet assimilée à deux vices : « l'individualisme et l'excentricité[100] ».

Dans cette configuration, l'amitié n'existe plus : en tant que sentiment électif et aristocratique qui fait choisir un individu dans la communauté parce qu'on estime avant toute chose ses qualités personnelles et ses vertus intrinsèques, elle ne saurait avoir sa place dans un régime où le sentiment personnel n'a plus droit de cité. Le « camarade[62] » remplace l'ami de l'ancien monde.

Un membre du Parti le dit clairement : « L'individu n'accède au pouvoir que lorsqu'il cesse d'être un individu. [...] Seul, et donc libre, l'être humain est toujours vaincu. C'est fatal parce que l'être humain est voué à la mort, ce qui est la pire faillite. Mais s'il parvient à se soumettre complètement, et sans réserve, s'il parvient à échapper

---

* « Egovie » dans la traduction d'Amélie Audiberti[F.113].

à son identité, s'il parvient à se fondre dans le Parti, alors il devient tout-puissant, il est immortel[309]. »

Personne ne doit jamais être seul, sauf dans son lit. D'ailleurs, paradoxalement, ce régime qui veut abolir la solitude a supprimé les lits à deux places[169] : le lit est le seul endroit où la solitude est pensable et possible puisqu'il est le lieu du sommeil réparateur. Le reste du temps, chacun travaille en commun, mange en commun, vit en commun, pense en commun, agit en commun et s'amuse en commun.

PRINCIPE 4
SE RÉJOUIR AUX FÊTES OBLIGATOIRES
« Il prend part aux loisirs communautaires[100] »

La fête est l'une des modalités de l'intégration communautaire : elle donne à l'individu l'occasion de montrer qu'il souscrit à l'idéologie de l'État, qu'il noie sa subjectivité dans la totalité, qu'il dilue son individualité dans la communauté, qu'il n'a pas de jouissance égotiste, égocentrée ou égoïste, et qu'il trouve son plein épanouissement à se réjouir en même temps que tout le monde avec tout le monde des mêmes occasions festives. Le but est que, par la fête, la fusion des monades s'effectue dans l'unité compacte du groupe.

PRINCIPE 5
UNIFORMISER L'OPINION
« Imposer une parfaite uniformité d'opinion
sur tous les sujets devenait possible
pour la première fois[241] »

Soumis de façon permanente à l'idéologie, perpétuellement contrôlés, interdits de vie privée, condamnés à ne plus jamais être seuls, contraints à se réjouir de façon collective et communautaire dans cet État, les êtres sont devenus interchangeables. Le régime peut alors sans problème obtenir un homme unidimensionnel qui pense comme tout le monde, agit comme tout le monde, jouit comme tout le monde, réfléchit comme tout le monde.

Mais pour obtenir un pareil résultat, il faut un dispositif activé par un certain nombre de personnes qui veillent à assurer la domination de quelques-uns sur la totalité. Il faut des rouages à cette machine politique qui broie l'individu pour en faire une pâte idéologiquement uniforme.

PRINCIPE 6
DÉNONCER LE CRIME PAR LA PENSÉE
« L'incrédulité est un délit en soi[75] »

La construction de l'homme nouveau voulu par le Sociang nécessite un personnel politique affecté à cette tâche. Il s'agit d'une *police de la pensée* – « la mentopolice[13] ». C'est elle qui décide de regarder l'image ou d'écouter le son espionnés par le télécran. Elle choisit de façon arbitraire le jour et l'heure. Elle le peut n'importe quand dans la journée ou pendant la nuit. Elle surveille potentiellement chaque personne, on ne sait donc jamais quand elle contrôle réellement. Quand on peut être vu et entendu n'importe quand, on est vu et entendu n'importe quand.

Qu'est-ce qu'un crime par la pensée ? C'est penser par soi-même, regarder ce qui est, voir ce qu'il faut voir, nommer comme il faut ce qui doit être nommé, c'est affirmer que le réel existe, qu'il a bien lieu, que l'on peut bien nous dire que $2 + 2 = 5$ mais que la vérité est que $2 + 2 = 4$, quoi qu'en dise le pouvoir, le régime, la police de la pensée qui ne souhaite pas qu'on dise vrai mais qu'on dise ce que le Parti dit être vrai. Ne pas croire sur parole ce qui est dit par le pouvoir, voilà le crime politique par définition.

« L'hérésie suprême, c'est le sens commun[98] », autrement dit : la pensée empirique qui prend appui sur le réel afin de produire une vérité, car il ne faut pas chercher la vérité dans le réel, qui n'est vrai qu'autant que le Parti le dit. Le Parti est la source même du réel, du vrai, de la réalité et de la vérité.

Penser que le réel est ce que l'on constate, ce que l'on voit et ce que l'on entend, ce que l'on peut mesurer soi-même après l'avoir appréhendé de façon subjective et singulière, c'est commettre une erreur majeure, un crime de la pensée.

DEUXIÈME COMMANDEMENT
APPAUVRIR LA LANGUE
« Réduire le vocabulaire était une fin en soi[352] »

PRINCIPE 7
PRATIQUER UNE LANGUE NOUVELLE
« Tout le propos du novlangue
est de rétrécir le champ de la pensée[66] »

La révolution dans les choses ne va pas sans révolution dans les mots – et *vice versa*... En régime orwellien, le pouvoir sur les choses passe par le pouvoir sur les mots ; or, le pouvoir sur les mots génère le pouvoir sur les choses. Nommer, ne pas nommer, mal nommer, nommer de façon imprécise, nommer à côté, c'est tout simplement faire de telle sorte que la chose à nommer reste insaisissable ou se trouve mal saisie, ou saisie à rebours de la façon dont elle devrait être saisie. L'articulation entre le signifiant, qui dit la chose, et le signifié, la chose dite, est le cœur nucléaire de la prise du pouvoir sur le monde – sur le monde des choses et sur les choses du monde.

Voilà pourquoi le parler de l'ancien monde, «l'obsoparler[48]» et le parler du nouveau monde, «le néoparler[51]», sont l'occasion de formuler deux mondes, donc de faire advenir deux mondes.

La mort de la langue du vieux monde rend possible l'avènement de la langue du nouveau monde, donc du nouveau monde lui-même. L'un des membres du Parti le dit clairement : «Tout le propos du néoparler est de rétrécir le champ de la pensée[66].» Puis ceci : «À terme, nous rendrons littéralement impossible le mentocrime pour la bonne raison qu'il n'y aura plus de mots pour le commettre. Tout concept sera exprimé par un seul vocable, dont le sens sera strictement défini et les significations annexes effacées puis oubliées[66].» Et enfin : «Le néoparler n'avait pas pour seul objectif de fournir un idiome propre à exprimer la représentation du monde et les habitudes mentales du Sociang, il visait aussi à exclure tout autre mode de pensée. Le néoparler adopté une fois pour toutes et l'obsoparler tombé dans l'oubli, toute pensée hérétique, c'est-à-dire déviant des principes du Sociang, deviendrait littéralement impensable[352].»

Un dictionnaire du néoparler est en cours d'élaboration qui permet de réaliser un programme très clair : «Au fil des ans, on aura de moins en moins de mots, et le champ de conscience rétrécira à proportion. Aujourd'hui déjà, il n'y a pas de raison ni d'excuse au mentocrime, ce n'est qu'une question d'autodiscipline, de contrôle sur la réalité. Mais à terme nous n'aurons plus besoin de ça. La Révolution sera complète quand la langue sera parfaite[67]. » Au bout du compte, ce que vise le langage nouveau, c'est l'impossibilité du passé, de sa culture et de ses livres, de ses idées et de sa dialectique, de sa rhétorique et de sa logique, de son art d'argumenter et de ses raisonnements construits.

PRINCIPE 8
UTILISER LE DOUBLE LANGAGE
« Le doublepenser, c'est la faculté
d'entretenir deux convictions contradictoires
en même temps [*sic*][250] »

L'opération qui consiste à appauvrir la langue est certes une affaire de mots, d'orthographe, de grammaire, de néologismes, de sigles, mais également de rhétorique. Empêcher tout ce qui permet de raisonner, de réfléchir, de penser, de concevoir, de spéculer, voilà qui importe au même titre quand on a pour projet de déculturer un individu.

Il existe un art de bien conduire ses pensées qui a bénéficié de plus de deux millénaires de mise au point. La dialectique socratique, la logique aristotélicienne, l'école de rhétorique romaine, la scolastique médiévale, tous ces mouvements ont rendu possibles quelques règles de logique. Ainsi le principe de non-contradiction en vertu duquel, si une chose est vraie, le contraire de cette chose ne peut être vrai en même temps. Par exemple, s'il fait nuit ici à telle heure, il ne peut faire jour ici à la même heure. Penser qu'*en même temps* est une formule logique possible ou pensable relève du nihilisme intellectuel.

Le doublepenser et le double langage sont les signatures du totalitarisme selon Orwell. «Savoir sans savoir, être conscient de la vérité intégrale tout en racontant des mensonges savamment construits. Entretenir en même temps [*sic*] deux opinions antithétiques, avec une égale conviction. Jouer la logique contre la logique, bafouer la morale tout en s'en réclamant, croire la démocratie impossible et désigner le Parti comme son gardien, oublier ce qu'il faut oublier, puis retrouver la mémoire si nécessaire pour oublier aussitôt ensuite. Et surtout, appliquer ce traitement au procédé lui-même : induire l'inconscience sciemment, et refouler l'acte d'autohypnose auquel on vient de se livrer – le comble de la subtilité. Pour comprendre le mot "doublepenser", encore faut-il être capable de doublepenser soi-même[47].»

Pratiquement, le doublepenser trouve une illustration dans le «noirblanc[248]». Selon toute bonne logique, si une chose est noire, elle ne saurait être blanche – et *vice versa*; mais dans la logique illogique du Parti, noirblanc, «comme tant d'autres vocables en néoparler, a deux sens antithétiques.

Appliqué à un adversaire, il renvoie à l'habitude de soutenir contre toute évidence et sans vergogne que le noir est blanc. Appliqué à un membre du Parti, il renvoie au bon vouloir qui lui fera dire que le noir est blanc si la discipline du Parti l'exige. Mais il signifie aussi la capacité de le croire, voire d'en être sûr, et d'oublier du même coup qu'on a pensé le contraire[248]. »

PRINCIPE 9
DÉTRUIRE DES MOTS
« Il n'y a rien de plus beau
que la destruction des mots[65] »

Celui qui travaille aux éditions successives du dictionnaire qui permet cette épuration linguistique argumente ainsi : « Nous sommes en train de donner à la langue sa forme définitive, celle qu'elle aura quand plus personne n'en parlera d'autre. Quand nous en aurons fini, les gens comme toi devront tout réapprendre. Tu crois sans doute que l'essentiel de notre tâche est d'inventer des mots. Mais pas du tout ! Nous détruisons des mots, au contraire, par dizaines, par centaines, tous les jours. Nous dégraissons la langue jusqu'à l'os[65]. »

Il faut exterminer les verbes, les adjectifs et ce qui est présenté comme du vocabulaire superflu, comme les synonymes ou les antonymes. Puisque le mot «bon» existe, à quoi peut bien servir «mauvais» puisqu'il suffit de dire «inbon». Quelle utilité également pour des mots comme «excellent» ou «superbe» qui servent à préciser la nature du bon en question et à effectuer des variations subtiles sur des modalités d'une réalité? «Plusbon» suffirait, ou bien encore «doubleplusbon» si l'on veut également. Et le lexicographe de préciser : «Au bout du compte, la notion de bon et de mauvais sera couverte par six mots seulement, qui se ramèneront à un seul[66].»

Voilà pourquoi : «Réduire le vocabulaire était une fin en soi, et aucun mot qui ne fût pas indispensable n'avait gardé droit de cité. Le néoparler avait été élaboré non pas pour élargir mais pour rétrécir le champ de la pensée, objectif indirectement servi par la réduction radicale du nombre des mots[352].»

Or, qu'est-ce qu'un mot indispensable? Un mot qui évite l'ambiguïté et la subtilité, la nuance et la précision, l'exactitude et la rigueur, le contraire d'un mot comme on les aimait jadis, avant la Révolution socialiste. Le but ultime? Le slogan réduit à quelques mots, de quoi crier et beugler, ou bien encore bêler avec les moutons de la ferme des animaux...

Les mots étaient classés en trois catégories : «le vocabulaire A[353]» est celui du quotidien le plus simple, c'est le langage de tous les jours, boire, manger, dormir, se déplacer, mais il est également expurgé de tout ce qui permettrait une quelconque subtilité. On ne peut l'utiliser pour la littérature, la politique ou la philosophie tant il est réduit au plus simple afin d'exprimer les choses les plus élémentaires.

En néoparler, on ne s'occupe pas seulement de réduire les mots, on attaque également les structures grammaticales qui deviennent interchangeables. Un mot peut être employé comme verbe, substantif ou adverbe, et rester invariable : « [...] cette règle impliquant *de facto* la destruction de nombreuses formes archaïques. Ainsi le mot "pensée" n'existait pas en néoparler. Il était remplacé par "penser", qui faisait à la fois office de verbe et de nom[353-354] ». Si la pensée n'existe plus comme mot, il est bien évident que la chose elle-même n'existe plus : la mort du signifiant, c'est assurément le trépas du signifié. Avec cette grammaire simplifiée il n'y a plus qu'une seule et même terminaison pour les verbes au passé, et un seul pluriel pareillement formé.

La disparition des mots s'accompagne d'une technique d'appauvrissement de ceux qui restent. L'ajout de suffixes, -ment ou -eux par exemple, permet de créer *vitessement* ou *vitesseux* – ce qui permet ainsi de supprimer rapide ou rapidement. On peut également négativer les mots avec le préfixe in ou double-, voire doubleplus-si l'on veut insister : « inchaud » permet de faire sauter « froid », « doublefroid » annihile « très froid », « doubleplusfroid » évacue « extrême-ment froid ». Où l'on voit que l'art de créer des néologismes, loin de valoir comme une signature de la démarche philosophique, en signifie au contraire très exactement l'inverse : plus le néolo-gisme pullule, moins on pense… Car il n'y a pas multiplication des mots, comme on pourrait faus-sement le croire dans un premier temps, mais relégation de ceux qui faisaient pourtant très bien l'affaire. Ainsi, « il était possible de modifier le sens de n'importe quel mot ou presque par des préfixes – et du même coup de réaliser une énorme économie de vocabulaire. Ainsi, étant donné le mot "bon", on n'avait pas besoin du mot "mauvais" lorsque le sens était aussi bien, et même mieux, rendu par *inbon*[354-355] ». Et voilà comment on se retrouve par-delà bien et mal pris dans le piège de l'idéologie du Sociang – le socialisme anglais.

Tout mot difficile à dire, ou qui pourrait être mal entendu, donc mal compris, est amendé : on ajoute alors une lettre pour en faciliter la pronon-ciation. Quel est le principe de cette logique ? « La nécessité d'un parler rapide et confortable[355]. »

La deuxième catégorie est « le vocabulaire B[355] ». Elle concerne les « mots fabriqués sur mesure à des fins politiques[355] ». Après les mots du quotidien et de tous les jours, les mots de l'idéologie du pou-voir. Ce vocabulaire est construit « pour imposer l'attitude mentale souhaitable à leur utilisateur[355] ».

66

Ces mots du Sociang sont composés de deux termes faciles à prononcer – la facilité est le maître mot de ce projet, il s'agit d'en finir avec toute complexité. On obtient ainsi «bonpenser», «bonpenseux», «bonpensement» ou «bonpenseur»* pour qualifier une pensée orthodoxe, un penseur orthodoxe ou une réflexion orthodoxe.

L'étymologie ne fait plus la loi. «Obsopenser», par exemple, c'est penser selon l'ordre ancien et, *de facto*, voir son propos déconsidéré. Le signifiant est associé à un signifié, or l'un et l'autre obéissent à une logique du sens. C'est cette logique qu'il faut détruire afin d'en imposer une autre. «Les mots anciens doivent être discrédités du simple fait qu'ils relèvent de l'ordre ancien : ils sont entachés d'un sens hérétique[357]»; de nouveaux mots doivent les remplacer qui obéissent, eux, à l'ordre idéologique du Sociang**. C'est ainsi que «d'innombrables mots tels que honneur, justice, morale, internationalisme, démocratie, science ou religion, avaient purement et simplement disparu de la langue. Ils étaient recouverts par quelques mots-chapeaux qui les abolissaient. Ainsi tous les mots tournant autour des concepts d'égalité et de liberté étaient contenus dans un seul terme, mentocrime, tandis que tous ceux qui tournaient autour des concepts d'objectivité

---

* «Bienpensé», «bonpensant», «bonpensable» et «bonpenseur» dans la traduction d'Amélie Audiberti[400.F].

** «Angsoc» chez Amélie Audiberti.

et de rationalisme étaient contenus dans le seul obsopenser*. Davantage de précision eût été dangereux[357] ».

Tous les termes qui relèvent du vocabulaire B sont idéologiquement connotés. Ils doivent signifier exactement le contraire de ce qu'ils annoncent. Certains termes sont ambivalents : positifs quand ils concernent le Parti, négatifs dans le cas inverse.

Sur le principe de construction des mots nazis ou de mots comme Gestapo, Komintern ou Agitprop, des abréviations sont créées : le ministère de la Vérité produit ces collisions intellectuelles. Le Service des Archives devient ainsi le « Servache », le Service Littérature, « Servlit »**. Rétrécir les mots ou les abréger modifie leur sens de façon très efficace. Qui, par exemple, remarque le mot « socialisme » dans l'abréviation de « national-socialisme » en « nazi » ? Ces mots nouveaux dispensent de penser. Ils sont faits pour fonctionner comme des balles et, d'ailleurs, parce qu'ils sont créés courts, ils claquent comme elles et sont faits pour tuer l'intelligence.

Le but est que la parole devienne un genre de logorrhée par laquelle l'idéologie se répand avec une forme littéraire et linguistique simplifiée.

---

* « Ancipensée[F.401] ».

** Chez Audiberti : le « Commissariat aux Archives » : « Comarch », le « Commissariat aux téléprogrammes », « Telecom » (*sic*) – la traduction date de 1950... –, le « Commissariat aux Romans », « Comrom »[F.403].

Plus besoin de penser quand on parle, on verbigère, on fait sortir de soi ce qui s'y est trouvé mis par la police de la pensée. «À terme, on espérait qu'un langage articulé puisse sortir du larynx sans mobiliser les centres cérébraux supérieurs, objectif pleinement assumé dans le cas du mot couaquer*, qui signifie "caqueter comme un canard"[361]. »

Il existe enfin le vocabulaire C[362] qui ne comprend que le vocabulaire scientifique et technique. Les mots y subissent les mêmes traitements que ceux qui relèvent des deux catégories précédentes. Toutefois, « il n'existait pas de mot pour "science", puisque toutes les acceptions en étaient suffisamment couvertes par celui de "Sociang"[362] ».

La critique du régime est impossible parce que les mots qui la permettraient manquent... Si les signifiants ont disparu, les choses signifiées s'évaporent elles aussi. Pour tenir un propos critique, il faudrait recourir à des mots du langage ancien, mais ils ont disparu! Ce que signifie être libre ou même une relation d'égalité n'est plus pensable ou concevable pour ceux qui ont été élevés au lait du néoparler. Les mots pour le dire ayant disparu, ce qui n'est plus dit n'existe tout simplement plus... Ce qui ne peut plus être nommé ne peut plus être imaginé. Le passé ne peut donc plus du tout être compris.

---

* « Canelangue[F.405] ».

PRINCIPE 10
ORALISER LA LANGUE
«Peu de gens s'écrivent[132]»

L'écriture ne procède plus d'un processus mental, intellectuel, cérébral plusieurs fois millénaire, mais d'une médiation par la machine : «le parlécrire[50]» – «phonoscript[F.55]». Comme son nom l'indique, c'est un instrument qui transforme la parole en texte, l'oral en écrit, la logorrhée en pages. Il ne s'agit plus, comme dans le monde ancien, de parler comme un livre, autrement dit d'exceller à l'oral, mais de faire de telle sorte que les livres soient écrits comme on parle. L'obsoparler affinait l'oral pour qu'il s'approche le plus possible de l'écrit, le néoparler agit à l'inverse et travaille à oraliser l'écriture.

Supprimer des mots, en créer d'autres, simplifier l'orthographe, utiliser des abréviations pour produire des néologismes, réduire la grammaire à quelques règles simplistes, dépouiller les mots de leur sens, abolir les nuances, rétrécir le vocabulaire, oraliser la langue et il arrive qu'un jour béni par le pouvoir la littérature classique ne puisse plus du tout être lue. Elle semble comme par enchantement écrite dans une langue étrangère.

L'une des façons de tuer l'écrit, c'est de célébrer l'oral! Le second est approximatif; le premier, précis. Avant la Révolution socialiste, on écrivait des lettres, il existait des correspondances dignes de ce nom, on prenait le temps de rédiger, de formuler, de préciser et de développer sa pensée, on détaillait et l'on commentait. Ces opérations de l'intelligence et de l'esprit rendaient possible l'intelligence qui les rendait possibles dans un perpétuel mouvement d'aller et retour. Depuis la Révolution socialiste, d'abord les lettres sont ouvertes avant d'être distribuées, ensuite, elles n'existent plus en tant que telles : « En cas de nécessité, il existe des cartes postales avec des listes de formules préimprimées que l'on coche selon la pertinence du moment[132]. » On ne peut mieux abolir toute pensée subjective qu'en contraignant l'expression à entrer dans un cadre formellement donc idéologiquement contraint.

PRINCIPE 11
PARLER UNE LANGUE UNIQUE
« L'anglais sert de langue de communication[245] »

Dans la perspective d'une simplification de la langue, il appert que le mieux est de procéder avec les langues comme avec les mots : dès lors, il faut elles aussi les réduire. De la même manière que l'abondance des mots et la subtilité de la grammaire constituent la richesse d'une langue, les langues produisent, grâce à leur diversité, la richesse de la pensée et la certitude d'appréhender un même monde de façons différentes et multiples. Voilà pour quelles raisons «l'anglais sert de langue de communication[245]». Avec une seule langue, la perspective d'une seule pensée devient plus facile.

PRINCIPE 12
SUPPRIMER LES CLASSIQUES
« Toute littérature passée aura disparu[67] »

Syme, le lexicologue au service de cette vaste entreprise d'appauvrissement de la langue, le dit clairement à Winston : «En 2050, voire plus tôt, l'obsoparler aura totalement disparu des mémoires. Toute la littérature passée aura disparu avec lui. Chaucer, Milton, Shakespeare, Byron n'existeront plus qu'en néoversions qui ne se contenteront pas de rectifier les textes mais leur feront dire le contraire de ce qu'ils disaient[67]. »

La néoversion, sous prétexte de moderniser, d'actualiser, d'adapter un classique, réalise *de facto* la disparition de ce classique soumis à cette entreprise. Shakespeare réécrit peut sembler louable si l'on avance pour argument qu'il faut le mettre à la disposition de tous. Mais, dans la réalité, il n'est plus du tout mis à la disposition de personne puisque la nouvelle version abolit l'ancienne. Là où l'on prétend démocratiser un classique, projet honorable, on en décrète l'abolition, projet funeste.

TROISIÈME COMMANDEMENT
ABOLIR LA VÉRITÉ
« Deux et deux font cinq[96] »

PRINCIPE 12
ENSEIGNER L'IDÉOLOGIE
« Les principes sacro-saints du Sociang.
Néoparler, doublepenser, malléabilité du passé[38] »

Un État se construit toujours autour d'une idéologie qui suppose un système de valeurs avec son
bien et son mal, ses vices et ses vertus, ses salauds
et ses héros, ses légendes et ses vérités, ses saints et
ses hérésiarques. Cette vision du monde suppose
un catéchisme simplifié, si je puis me permettre ce
pléonasme, dans lequel on trouve ce qu'il faut
penser si l'on se soucie de bien penser. De ce
catalogue de vérités utiles à l'État, on peut donc
déduire ce qu'il ne faut pas penser. Si le Bien est
enseigné, le Mal est facile à déduire.

Le Sociang d'Orwell, c'est le socialisme anglais.
Un socialisme qui s'est imposé après une guerre
nucléaire dans une Angleterre ravagée et en

ruines. Il est l'idéologie officielle qui se décline sous le signe d'un gauchisme culturel. On en trouve les principes partout affichés et proclamés. C'est une vérité d'État. Il est donc naturel que l'État en fasse la promotion et installe quiconque y résiste dans son viseur.

On se doute bien qu'en pareil cas la liberté de penser, de s'exprimer, d'écrire, de publier, de se réunir, de débattre est devenue caduque. L'idéologie d'État est vérité d'État et quiconque ose y résister devient un ennemi de l'État. Voilà pourquoi il faut, outre un dispositif policier de surveillance, un dispositif médiatique d'information.

PRINCIPE 13

INSTRUMENTALISER LA PRESSE
« Les données que l'on traite n'ont le plus souvent aucun rapport avec le monde réel[54] »

Depuis qu'elle existe, la presse est moins un instrument d'information qu'un dispositif idéologique. Elle peut informer, bien sûr, mais jamais de manière neutre. Le support médiatique obéit aux objectifs de son propriétaire qui est d'imposer ses idées en les diffusant le plus largement possible après les avoir présentées d'une façon orientée.

En régime totalitaire, elle sert ouvertement d'instrument de propagande.

Le «Ministère de la Vérité[56]» pilote les choses. Quelques personnes invisibles établissent la ligne directrice suivie par le journal. Sport, faits divers, astrologie, pornographie, ces genres semblent hétérogènes, mais, en tant qu'ils détournent de l'essentiel, interdisent l'analyse, n'obligent pas à la réflexion, tablent sur le divertissement, se proposent de répondre simplement à la misère morale et à la misère sexuelle, ils relèvent d'une véritable homogénéité.

Dans ces services, «les données que l'on traite n'ont le plus souvent aucun rapport avec le monde réel[54]», avoue l'un de leurs acteurs. Il n'est en effet pas besoin d'informer sur le réel puisque le but du journalisme consiste à former à l'idéologie au prétexte d'informer sur le réel.

On écrit une chose, puis on la réécrit, on supprime ce qui a été annoncé quand le réel a donné tort à l'annonce, on réécrit pour y annoncer à la place, informé par ce qu'a été le réel, que ce réel non annoncé, puisque c'est son contraire qui avait été promu, l'a pourtant bien été par le Parti qui ne saurait avoir tort, ni se tromper.

Il est dans les attributions de cette engeance de supprimer des photographies, de les modifier, de les créer selon les besoins du régime. Car on ne saurait conserver traces d'informations qui mettraient le régime en difficulté. Le réel est toujours ce que le pouvoir a décidé qu'il soit. Les journalistes sont les acteurs de cet effacement du réel ou de la création d'un réel alternatif.

PRINCIPE 14
PROPAGER DE FAUSSES NOUVELLES
« La Terre est plate, dit le Parti[326] »

Le problème n'est donc plus de dire la vérité mais ce qui est utile au Parti et qui, de ce fait, devient Vérité. Si le régime a besoin de dire que la Terre est plate, il a ses raisons qui sont donc de bonnes raisons, nul besoin de chercher à savoir si c'est vrai par ses propres moyens en mobilisant sa culture, son savoir, son intelligence, sa raison, sa faculté de penser, de discerner ou de juger : il suffit de croire.

De même, si le Parti a décidé de dire que le noir est blanc, que le blanc est noir, et qu'une chose peut être blanche et noire en même temps, si le Parti l'affirme, il est fondé à le dire. Le doublepenser est là pour fournir les allures de la logique à ce paralogisme. D'ailleurs, le paralogisme relève de l'ancien monde et de l'obsoparler, autrement dit d'un temps révolu et mal famé. La logique du néoparler peut bien passer pour un paralogisme, mais comme ce sera selon l'ordre et les principes de l'obsoparler, l'objection sera *de facto* nulle et non

avenue puisque politiquement et idéologiquement elle sera marquée du sceau de l'infamie.

Autre exemple : si le Parti affirme que «la glace
est plus lourde que l'eau[326]», quiconque aurait
recours à la démonstration empirique qu'un gla-
çon flotte dans l'eau, et qu'il s'avère donc plus
léger, ce que l'expérience prouve, c'est l'expérience qui aurait tort et le Parti raison. Si le réel
infirme une thèse du Parti, le réel a tort. Les journalistes et les intellectuels au service du Parti sont
là pour en apporter la perpétuelle démonstration.
Le régime les appointe pour cette tâche.

Au télécran, les journalistes peuvent annoncer
ce genre d'information : «Nous avons des nouvelles triomphales à vous communiquer. Nous
avons gagné la bataille de la production! Les
retours désormais complets sur la production des
biens de consommation font ressortir que le
niveau de vie s'est élevé de 20 % au cours de
l'année écoulée[73].» Suivent des dépêches sur des
manifestations spontanées, sur des foules enthousiastes descendues dans la rue, sur des calicots
fervents, le tout pour dire que le peuple remercie
le régime de sa bienveillance, de son efficacité, de
sa générosité envers le peuple. Les journalistes
propagent pourtant des données contraires à ce
que le réel enseigne : pénuries en tout, mauvaise
qualité des produits, rationnements plus sévères,
disparition d'un grand nombre de produits, voilà

en effet le quotidien des citoyens de ce régime autoritaire – c'est le réel qui a tort...

Que dit le peuple de ce grand écart entre le réel et l'idéologie? «Tout ce qu'on sait, c'est que chaque trimestre un nombre astronomique de chaussures sont produites sur le papier pendant que la moitié des Océaniens marchent sans doute pieds nus[54].»

D'autres fois, les informations concernent des alliances politiques, puis des renversements de ces mêmes alliances, des batailles remportées puis des guerres gagnées, des progrès considérables en matière de logement, de santé, de lutte contre l'illettrisme, d'amélioration de l'alimentation, en matière de production de meilleurs vêtements, d'offre de divertissements de meilleure qualité, d'augmentation de la durée de vie, de progrès effectués en matière de médecine et de recherche, d'abaissement de la durée du temps de travail – mais personne ne dispose des moyens de contredire ces données. Ce sont les seules qui soient. Le journaliste produit le réel; l'homme du commun s'en trouve privé à cause de lui. Toute information s'avère une désinformation. Voilà en quoi consiste le métier de journaliste : intoxiquer sous prétexte d'informer et désinformer sous prétexte de désintoxiquer.

PRINCIPE 15
PRODUIRE LE RÉEL
« Rien n'existe en dehors de la conscience[311] »

Au sens noble du terme, la philosophie du totalitarisme est un solipsisme. Le réel n'a pas d'existence autonome, indépendamment d'un sujet qui lui donnerait sens, vie et vérité par sa conscience, mais il s'avère un pur produit de la conscience. Le réel n'est donc pas une idée ou une illusion des sens, comme le croient les platoniciens, mais une construction mentale.

Cette construction mentale n'est pas non plus une fiction littéraire ou psychologique, une fable métapsychologique ou une hypothèse de travail ontologique. Car elle renvoie tout simplement au cerveau, dans sa pure matérialité. La conscience est une sécrétion de l'encéphale; le réel suinte donc de la matière grise comme l'eau après une infiltration dans une maison.

Une pareille métaphysique est extrêmement intéressante d'un point de vue politique – c'est aussi bien celle d'un pur idéaliste comme l'évêque Berkeley que d'un pur matérialiste comme le médecin Cabanis ou bien encore d'un mélange des deux comme chez Schopenhauer. Si le réel n'est que ce que la conscience le fait être, il suffit d'agir sur les consciences pour produire le réel escompté. En matière de réel, ce qui est, c'est seulement ce qui s'est trouvé mis dans la conscience, donc dans la tête du sujet. Via le formatage des consciences, le pouvoir peut donc produire le réel qui lui convient. Dès lors, on comprend l'importance de la presse dans la production d'un réel fictif.

La première chose consiste à ne pas croire ce que l'on voit ou ce que l'on entend ; la seconde à croire seulement à ce que le Parti dit. Car « ce que sa philosophie nie tacitement, ce n'est pas simplement la validité de l'expérience mais l'existence même d'une réalité extérieure ». Puis : « Comment être sûr que deux et deux font quatre ? Que la force de la gravité est opérante ? Que le passé est immuable ? Si le passé et le monde extérieur n'existent que dans le cerveau, et si le cerveau se contrôle, alors[98]... » Alors, en effet, le réel n'a pas lieu et seul a lieu ce que le pouvoir a décidé être le réel – et rien d'autre. Si le Parti est la matrice de toute réalité, il l'est de toute vérité, donc de toute fausseté. Ce qu'il dit seul est vrai, donc *est...*

O'Brien, l'intellectuel qui le torture, dit à Winston : « Nous contrôlons la matière parce que nous contrôlons l'esprit. La réalité loge à l'intérieur du crâne. [...] Rien n'existe en dehors de la conscience de l'homme[310]. » Winston a beau en appeler à l'histoire, au passé, à l'existences des fossiles, aux lois de l'astronomie, à la vérité et à la réalité des étoiles : tout ceci existe bel et bien, non ? Alors O'Brien nie que cela soit. Il affirme que ce sont des mensonges – et inverse la logique : ce qui était vrai dans l'ancien monde est devenu faux dans le nouveau, et *vice versa*. Faisant la leçon à Winston qui se dit : « Ce postulat que rien n'existe en dehors de la conscience, il doit bien y avoir un moyen de démontrer qu'il est faux[311] ? » mais qui ne parvient pas à se rappeler comment jadis on démontrait l'absurdité d'une pareille thèse, O'Brien lâche : « La métaphysique n'est pas ton fort. Le mot qui échappe, c'est solipsisme. Mais tu te trompes. Il ne s'agit pas ici de solipsisme. Ou alors de solipsisme collectif si tu veux[312]. »

Pour voir le réel tel qu'il est, une seule chose s'avère nécessaire : l'obéissance. L'humilité et la discipline doivent conduire quiconque veut savoir ce qui est ou ce qui est vrai – ce qui s'avère une seule et même chose. O'Brien dit à Winston : « Tu crois que la réalité est quelque chose d'objectif, d'extérieur, qui existerait à part entière. Tu crois aussi qu'elle s'impose comme une évidence. Quand tu te persuades de voir quelque chose, tu te figures que tout le monde voit la même chose que toi. Mais je te le dis, Winston, il n'y a pas de réalité extérieure. La réalité existe dans l'esprit de l'homme, nulle part ailleurs. Je ne te parle pas de l'esprit de l'individu, qui peut se tromper, et de toute façon a la vie courte, mais du cerveau du Parti, lequel est collectif et immortel. Tout ce que le Parti tient pour vrai est la vérité. On ne saurait voir la vérité autrement que par ses yeux[291]. »

SUPPRIMER L'HISTOIRE
« Il n'y a pas de vérité extérieure[291] »

PRINCIPE 16
EFFACER LE PASSÉ
« Le passé est effacé, et sitôt son effacement
oublié, le mensonge devient vérité[91] »

On comprend dès lors que le passé doit être
supprimé afin de ne pas permettre de convoquer
des arguments pour expliquer que le réel est, qu'il
dispose d'une existence autonome, que ça n'est
pas le cerveau qui possède la clé de tout ce qui est,
qu'il y eut un passé, qu'il y aura un avenir, que le
présent seul n'est pas tout, que le monde n'a pas
commencé avec la Révolution du socialisme
anglais, qu'avant elle on pouvait penser autrement, argumenter différemment, conclure d'une
autre façon en faveur d'autres certitudes.

Winston travaille à cet effacement du passé.
Pour ce faire, il s'active sur différents chantiers :
détruire des preuves, reconstruire les discours,

fabriquer un mensonge, assurer sa diffusion par les médias de masse, les journaux et les discours officiels, les proclamations du Parti et les photos.

Le pouvoir mobilise également le cinéma : il donne à voir dans les salles obscures des images fictives que le pouvoir présente comme véritables et authentiques : la fiction remplace la vérité. Il crée le mensonge qui se substitue à la vérité, de sorte que ce qui fut n'a pas été alors que ce qui n'a jamais été est présenté comme le passé. La propagande de masse impose ces versions alternatives du réel qui deviennent ses versions officielles.

PRINCIPE 17
RÉÉCRIRE L'HISTOIRE
« Qui contrôle le passé contrôle l'avenir,
qui contrôle le présent contrôle le passé[290] »

L'effacement du passé a pour objectif de permettre le contrôle du présent, donc la maîtrise de l'avenir. Le ministère de la Vérité a pour tâche de… produire la Vérité, autrement dit de dire le vrai, le bien, le juste, le beau, c'est-à-dire, de façon induite, le faux, le mal, le laid. Ça n'est plus la vérité qui fait la loi, mais le Parti, et lui seul.

Plus personne ne sait en quelle année il vit : il n'y a plus de passé, plus d'avenir, mais seulement le présent qui dure éternellement. Ce qui est dans l'instant se trouve donc sans racines, donc sans causes : toute généalogie de ce qui est devient impossible puisque ce qui fut est déclaré n'avoir jamais été. Toute recherche ou toute pensée en termes de causalité s'avère impossible.

L'effacement du passé laisse un vide qu'il faut remplir avec la réécriture du passé. Ce qui fut n'a pas été mais ce qui n'a pas été fut – c'est l'objectif de ce travail de construction d'un passé qui n'a pas eu lieu, de fabrication d'une mémoire de ce qui n'est jamais arrivé. Là où il y eut de l'être, il n'y a désormais rien ; là où il y avait du rien, il y a maintenant de l'être.

PRINCIPE 18
INVENTER LA MÉMOIRE
« On sait créer des morts[61] »

Le Parti peut par exemple inventer une figure historique – Ogilvy[60]. Ce personnage n'a jamais existé historiquement, mais le Parti le crée de toutes pièces : on lui attribue un nom, une figure, un comportement héroïque, on associe à ce fantoche des images, des photos, pourquoi pas un film. Et voilà un homme exceptionnel : dès trois ans il refuse tout jouet, sauf un tambour, des armes et des divertissements ayant trait à la guerre ; à six ans, avec un an d'avance et à la faveur d'une dérogation, il entre chez les Espions ; à neuf ans, il est chef de troupe ; à onze, il dénonce son oncle à la police de la pensée ; à dix-sept, il organise des opérations Antisexe avec déjà de grandes respon-sabilités ; à dix-neuf, il invente une grenade extrêmement ravageuse que l'état-major adopte *illico* ; à vingt-trois, il meurt en opération en se sui-cidant afin d'éviter de livrer des documents compromettants. Toute sa vie a été pure, droite, rectiligne : il a été abstinent sexuel, ne fumait pas, faisait du sport tous les jours, n'a pas créé de famille afin d'être disponible pour le Parti ; il s'est dévoué toute sa vie ; il n'avait de conversation que tournée vers les principes du socialisme anglais ; il était l'ennemi de tous les adversaires de l'État et du Parti.

Ce personnage conceptuel totalement fictif prend forme grâce au ministère de la Vérité qui a pour relais les journalistes, les écrivains, les intel-lectuels au service du Parti. C'est l'un d'entre eux, Winston avant qu'il ne passe de l'autre côté, qui crée de toutes pièces ce personnage de propa-gande. Quand l'Histoire disparaît, la propagande apparaît. Ogilvy est un pur produit marketing poli-tique : « Chose curieuse, on sait créer des morts, mais pas des vivants[61]. »

PRINCIPE 19
DÉTRUIRE LES LIVRES
« La traque et la destruction des livres
ont été réalisées[117] »

On sait combien les livres jouent un rôle majeur dans la pensée : ils apprennent à réfléchir, à argumenter, à disserter, à développer une réflexion, à raisonner, à juger, à examiner, à concevoir, à développer son esprit critique ; ils permettent aussi de prendre connaissance du passé de sa propre culture, mais également de toutes les autres cultures ; ils rendent envisageable la création de nouveaux mondes, donc de futurs possibles. Voilà pour quelles raisons ils sont dangereux.

C'est pourquoi les livres sont tous détruits : leur disparition contribue à l'effacement des mondes qu'ils racontaient dans le passé ou qu'ils promettaient pour le futur. Ils consignaient la mémoire de ce qui fut. En disparaissant, cette mémoire part en fumée comme les ouvrages qui la contenaient serrée dans leurs pages.

PRINCIPE 20
INDUSTRIALISER LA LITTÉRATURE
« Les livres sont une marchandise
comme une autre[154] »

La destruction des livres ne va pas sans une production de livres nouveaux sur le principe de
l'industrialisation. Après que les livres qui permettent de se fabriquer une culture et un esprit
critique ont été supprimés, le Parti crée une littérature de propagande de façon codifiée. Il lui fait
porter l'idéologie d'État et la diffuse sous forme
de livres, dont des romans.

Au « Service Littérature » de cet État totalitaire,
il existe en effet « une machine à romans[20] ». De
la même manière que, dans cet État, il existe une
littérature pornographique, la littérature romanesque sert les intérêts du Parti. Les livres sont
fabriqués selon un canevas récurrent qui permet
de varier les formes afin de conserver le même
fond au service de l'idéologie officielle.

Ces machines font un travail qu'avec le temps
les individus ne savent plus faire. Un système technique, le « parlécrire[17] », permet de transformer
toute parole en texte : il suffit de se mettre devant
un micro, de parler, et l'on voit apparaître du
texte sur un support.

De sorte que, quand Winston entreprend
d'écrire un journal intime, il lui faut dénicher un

90

cahier vierge, bien qu'on n'en fabrique plus, trouver une plume, de l'encre et un encrier, denrées rarissimes, et qu'il se retrouve face à la page blanche sans plus savoir comment on s'y prend pour consigner ses pensées par écrit.

CINQUIÈME COMMANDEMENT
NIER LA NATURE
« Les lois de la nature c'est nous qui les faisons[310] »

PRINCIPE 21
DÉTRUIRE LA PULSION DE VIE
« Le désir est le crime de la pensée[84] »

L'organisation sociale fabrique un corps docile, obéissant, soumis : le désir y est considéré comme « le crime de la pensée[84] ». La nourriture est mauvaise, formatée, dégoûtante, la boisson frelatée, l'alcool consommé en quantité est lui aussi de mauvaise qualité et sert surtout à produire l'ivresse. Tout ce qui pourrait donner du goût à la vie est écarté. La nourriture apaise la faim, la boisson calme la soif, l'alcool sert à oublier.

Winston trouve que « les femmes du Parti se ressemblent toutes. Chastes et loyales au Parti jusque dans leurs fibres. À force de conditionnement précoce, de jeux de plein air et d'eau froide ; à force de sornettes serinées à l'école, chez les Espions et dans les ligues ; à force de conférences, de défilés, de chants et de slogans, à force de musique martiale, on les a dénaturées[84]. »

Cette dénaturation part du principe formulé par un membre du Parti : «Les lois de la nature c'est nous qui les faisons[310]. » La nature n'existe pas en soi, en tant que telle, avec ses lois, parce que la culture est tout. Ce qui est ne découle jamais d'une nature humaine mais d'une volonté du Parti.

Voilà pourquoi désirer, autrement dit connaître en soi le travail de la pulsion de vie, c'est un crime de la pensée. Le désir lui-même est criminel parce qu'il rappelle qu'un être humain, vivant, est d'abord un corps désirant qui cherche le plaisir. Or, dans un régime qui propose l'obéissance et la soumission, l'hédonisme joue le rôle du péché originel. La destruction de la pulsion de vie ne va pas sans son corrélat : la célébration de la pulsion de mort avec laquelle on produit la haine et la guerre.

PRINCIPE 22

ORGANISER LA FRUSTRATION SEXUELLE
« Vider l'acte sexuel de tout plaisir[81] »

Dans cette configuration dominée par la rudesse de l'idéal ascétique, on comprend que «l'acte sexuel réussi est un acte de rébellion[84] ». En régime tyrannique, il faut que les corps renoncent aux plaisirs de la chair, à la jouissance, au désir, à la séduction, à la jubilation.

Voilà pourquoi la prostitution est officiellement interdite mais voilà aussi pourquoi les prostituées existent... Certaines s'achètent avec une simple bouteille d'alcool. «Le Parti est enclin à encourager sans le dire la prostitution comme exutoire à des instincts qu'on ne peut éradiquer complètement. La débauche est anodine en soi tant qu'elle demeure furtive, sans joie, et ne concerne que des femmes d'une classe dominée et méprisée[81].» Ce que veut explicitement le régime, c'est «vider l'acte sexuel de tout plaisir. L'ennemi, ce n'est pas tant l'amour que l'érotisme, dans le mariage comme hors mariage[81]».

La pornographie est également promue par le Parti – au même titre que la presse people, les romans de gare, «les films dégoulinant de sexe[56]», «la presse torchon[56]». Il existe en effet «une unité dédiée à la pornographie de bas étage – "la Pornuit*" – qui envoie sous pli discret ses productions qu'aucun membre du Parti, sinon ses concepteurs, n'a le droit de voir[56]». Cette presse est destinée aux «prolos[155]» et «les gens qui y travaillent appellent cette unité la Boîte à Foutre**[155]».

---

* «Pornosex[F.62]».
** «Boîte à fumier[F.176]». Le titre de l'un de ces livres pornographiques *Histoire de fessées*[155] chez Josée Kamoun est traduit par *Histoires épatantes*[176] par Amélie Audiberti...

Le mariage ne sert à rien d'autre qu'à apparier des corps afin de fabriquer des enfants qui seront utiles au Parti. Voilà pour quelle raison «le rapport sexuel doit être tenu pour une opération mineure peu ragoûtante, comme de prendre un lavement[82]».

Des milices Antisexe travaillent à la promotion d'une chasteté absolue pour les deux sexes. Le mot d'ordre est simple, il s'agit «de tuer l'instinct sexuel, ou, à défaut, de le gauchir et de l'avilir[82]». L'idéal est une frigidité totale lorsque l'acte sexuel s'accomplit dans le seul dessein de procréer, de créer une famille, d'assurer une descendance, de pourvoir l'État en sujets en état de marche.

PRINCIPE 23

HYGIÉNISER LA VIE
«Le type physique idéal du Parti […]
existe vraiment[75]»

L'État promeut un corps particulier à fabriquer de façon qu'il devienne comme «une figurine de bois articulée[83]». Il existe un type physique idéal selon le Parti : «grands jeunes gens musclés, jeunes filles aux seins lourds, tous blonds, bronzés, vigoureux, insouciants[75]».

Comment fabrique-t-on ce produit formaté? Avec de l'exercice physique, du sport. On commence avec le réveil musculaire qu'un coup de sifflet terrible annonce par télécran. Il invite chacun à sortir du lit, à enfiler une tenue de sport – short et tee-shirt – afin d'exécuter les exercices aboyés par une femme qui s'adresse à des groupes d'âge et annonce ce qu'ils doivent faire devant leur télécran. Une jeune femme maigre et musclée, bientôt quadragénaire et mère de quatre enfants, en tenue de sport avec tunique et baskets, invite aux flexions, aux extensions, aux étirements. Elle exige que le citoyen touche ses pieds avec ses mains sans fléchir les jambes, elle compte et presse les auditeurs de manifester plus de nerf et d'énergie. La monitrice interpelle tel ou tel dont elle voit sur ses écrans de contrôle s'il reproduit correctement les gestes.

PRINCIPE 24
PROCRÉER MÉDICALEMENT
« Les enfants doivent être procréés
par insémination artificielle[82] »

Le Parti a dénaturé les femmes. Avec la destruction de la pulsion de vie, l'organisation de la frustration sexuelle, le recours à la prostitution, l'usage de la pornographie, l'hygiénisation de l'existence, la promotion de la chasteté, l'idéologie familialiste, la criminalisation du désir, il devient possible de dissocier la sexualité de la pro-création : on peut désormais coucher sans aimer, autrement dit copuler seulement pour engendrer.

Un stade supérieur dans la déshumanisation permet d'engendrer sans copuler. Les enfants sont nécessaires pour continuer à concevoir des producteurs, des reproducteurs, des travailleurs, des soldats, des membres du Parti et des sujets sou-mis à ce même Parti, mais la sexualité, elle, n'est plus nécessaire grâce à la procréation médicale-ment assistée. Voilà pour quelle raison le Parti estime que «les enfants doivent être procréés par insémination artificielle[82]» – «insmart*[82]» dans le texte.

Ce projet s'inscrit dans la logique d'une civilisa-tion qu'affirme un membre du Parti : «Les anciennes civilisations prétendaient être fondées sur l'amour, ou la justice. La nôtre est fondée sur la haine. Dans notre monde, il n'y aura plus d'émotions, sinon la peur, la rage, le triomphe et l'avilissement de soi. Tout le reste, nous le détrui-rons, sans exception aucune. Déjà, nous brisons les habitudes de pensée qui datent d'avant la Révolution» – en l'occurrence du Sociang. Il pour-suit : «Nous avons rompu le lien entre parents et enfants, entre les hommes, entre l'homme et la femme. Plus personne n'ose faire confiance à une épouse, à un ami. Mais dans l'avenir il n'y aura

---

* «Artsem[F.92]».

plus ni épouses ni amis. Les enfants seront retirés à leur mère sitôt nés, comme on retire ses œufs à la poule. L'instinct sexuel sera éradiqué. Procréer deviendra une formalité annuelle, comme de faire renouveler sa carte de rationnement. Nous allons abolir l'orgasme. Nos neurologues y travaillent. Il n'y aura plus le loyauté, sinon envers le Parti. Plus d'amour, sinon pour Big Brother. Il n'y aura plus de rire, sinon le rire de triomphe devant l'ennemi défait. Il n'y aura plus d'art, plus de littérature, de science. Lorsque nous serons tout-puissants, nous n'aurons plus besoin de la science. On ne fera plus la différence entre la beauté et la laideur. Il n'y aura plus de curiosité, plus de plaisir à vivre les âges de la vie, car tous les plaisirs qui nous feraient concurrence seront éliminés.» Et enfin, s'adressant toujours à Winston : «Si tu veux une image du futur, figure-toi une botte qui écrase un visage humain – indéfiniment[313]. »

PROPAGER LA HAINE
« Guerre est paix[14] »

PRINCIPE 25
SE CRÉER UN ENNEMI
« L'ennemi du moment
représente la haine absolue[46] »

Pour que la tyrannie existe, il lui faut un ennemi, un adversaire. Peu importe qui il est, car on peut en changer en cours de route et suivant les intérêts du moment. L'ennemi d'hier peut devenir l'ami d'aujourd'hui avant, si le Parti le décide, de redevenir l'ennemi du jour et de demain – en attendant un changement d'alliance. Ce qui importe, c'est de disposer d'un bouc émissaire capable de concentrer sur lui la haine, le ressentiment, les passions tristes. Cette tête de Turc attire à elle la rhétorique et la sophistique agressive du pouvoir en place.

Voilà pourquoi il faut organiser des cérémonies de la haine au cours desquelles la figure, le nom, la personne que le pouvoir présente comme son ennemi de prédilection se trouve hué, sifflé, insulté, méprisé. Il existe donc «une Semaine de la Haine[11]», ou bien encore les «Deux Minutes de la Haine[20]» au cours desquelles Goldstein, c'est le nom de l'ennemi public, se trouve vilipendé. «Ce Goldstein honni et méprisé de tous, ce Goldstein dont les théories sont quotidiennement réfutées, battues en brèche, ridiculisées, présentées au public pour les pitoyables inepties qu'elles sont et cela mille fois par jour, sur les estrades, les télécrans, dans les journaux, dans les livres, ce Goldstein semble ne jamais perdre son influence; il se trouve toujours de nouvelles dupes pour se laisser séduire[24].» Le Parti se propose donc l'éradication complète et définitive du Goldsteinisme[68].

La Semaine de la Haine suppose des émissions de télévision, des films, des images de propagande, de fausses nouvelles, des articles de journaux à charge, des chansons comme «l'Hymne de la Haine[176]», des calicots, des banderoles, des décorations, des défilés. On peut également obtenir «une manifestation d'indignation[177]» à l'issue d'une poussée de violence déclenchée par le pouvoir et attribuée aux partisans de Goldstein.

Bruit de pas cadencés, musique militaire, vociférations, phénomènes d'hystérie collective, autohypnotisation, anéantissement de la conscience, délire général, pleurs, vociférations d'insultes, la raison est abolie et les passions tristes disposent

des pleins pouvoirs : haine, mépris, rancune, anti-
pathie, répulsion, dégoût, le cortex a perdu les
commandes, le cerveau reptilien fait la loi.

PRINCIPE 26
FOMENTER DES GUERRES
« L'hystérie guerrière augmente
avec le niveau social[251] »

Le pouvoir fomente des guerres qu'il attribue
ensuite aux partisans de Goldstein et à leurs alliés
sur la planète. Dans Londres gouverné par le Parti,
les roquettes et les bombes tombent dans certains
quartiers. Les projectiles viennent d'on ne sait où
et s'abattent au hasard. Mais on sait que le pouvoir
crée cet état de terreur permanent afin de pouvoir
mieux tenir le peuple en laisse.

Sous la férule de Big Brother, il n'y a pas
d'argent pour le peuple qui ne peut manger et
s'habiller, consommer des produits de première
nécessité ou disposer de nourritures digne de ce
nom. En revanche, il y en a pour préparer, mener
et conduire la guerre. Il existe une recherche en
matière d'armement. La science, qui passe pour
une activité de l'ancien monde, est légitime quand
elle travaille à produire de nouveaux instruments
militaires de destruction.

Le peuple n'aime pas la guerre, et pour cause :
il sait que c'est lui qui se trouve en première ligne

et en fait les frais. En revanche, l'élite s'avère extrêmement belliqueuse : «Dans notre société, ceux qui sont le mieux éclairés sur l'événement sont aussi ceux qui sont le plus éloignés de voir le monde tel qu'il est. En général, mieux on comprend, plus on se leurre, plus on est intelligent, moins on raisonne sainement. On en retrouvera une illustration sans équivoque dans le fait que l'hystérie guerrière augmente avec le niveau social. Ceux qui ont l'attitude la plus sensée vis-à-vis de la guerre sont les peuples-sujets des territoires disputés. Ils la tiennent pour une calamité continuelle qui roule leurs corps dans les flots à la manière d'une lame de fond[252].» Le peuple sait bien que vainqueurs ou vaincus comptent pour peu dans le changement de leur état, car : «Ils ont conscience que le changement de seigneur signifie simplement qu'ils vont continuer à assurer les mêmes tâches pour de nouveaux maîtres qui les traiteront comme les anciens[252].»

PRINCIPE 27
PSYCHIATRISER LA PENSÉE CRITIQUE
«L'acte de soumission
est le prix de la santé mentale[291]»

Toute pensée critique est inconvenable dans ce régime totalitaire. Elle est donc considérée comme une maladie qu'il faut soigner et guérir. Pas question d'envisager la liberté d'expression, la liberté de conscience, la liberté de parole, la liberté de réunion, que revendique Goldstein[23], l'ennemi public numéro un, afin que des débats aient véritablement lieu. Penser en dehors, à côté, ailleurs, indépendamment de l'idéologie dominante est inenvisageable pour le Parti. Quiconque revendique cette liberté est un fou, un malade, un cas pathologique à remettre entre les mains d'idéologues qui vont le rééduquer et lui apprendre d'une part à se défaire de ses velléités libertaires, d'autre part à souscrire avec enthousiasme au catéchisme du socialisme anglais, le Sociang.

« Ta santé mentale passe par l'humilité[292] », enseigne l'intellectuel chargé de la rééducation. Si l'on croit que « 2 + 2 = 4 » et que le Parti enseigne que « 2 + 2 = 5 », il faut avoir l'humilité d'avouer que l'on se trompe, puisque le Parti a toujours raison.

Ce même Parti ne veut pas que le réfractaire consente à la version du « 2 + 2 = 5 » pour être tranquille : il veut que le sujet à rééduquer soit intimement persuadé, convaincu, assuré que « 2 + 2 = 5 ».

D'où cette idée que défendre une thèse vraie est une offense faite au Parti, alors que souscrire à une opinion fausse, mais validée par le Parti, est un acte d'humilité.

Que dit le Parti qui entend rééduquer un homme qui a préféré la vérité universelle à l'erreur partidaire? «Tu n'as pas voulu accomplir l'acte de soumission qui est le prix de la santé mentale. Tu as préféré être un fou, une minorité réduite à un seul individu. Seul l'esprit discipliné peut voir la réalité[291].» Le réel n'est pas ce que l'on voit comme tel, c'est ce que le Parti nous dit qu'il est. Voilà pourquoi le pouvoir peut dire : «La santé mentale se mérite[293].»

PRINCIPE 28
ACHEVER LE DERNIER HOMME
«Tu n'existes pas[303]»

Ce que veut le pouvoir c'est en finir avec tout ce qu'il y avait d'humain en l'homme : l'humanité, justement, qui suppose l'empathie, la sympathie, la compassion, l'estime, l'amitié, l'amour, l'affection, le sentiment, la tendresse, l'émotion, l'intégrité, la dignité, la joie de vivre. On le voit avec le projet d'abolir le lien qui réunit un homme et une femme qui se proposent de procréer un enfant doublé de la volonté de faire de la reproduction une affaire médicalisée, technique, froide et, au sens étymologique : inhumaine.

Quand ce pouvoir rééduque, il ne cherche pas à obtenir un aveu pour la forme, une résipiscence du sujet qui souhaiterait ainsi acheter sa tranquillité, non. L'intellectuel qui torture le résistant à l'ordre étatique explique que la répression, jadis, ne faisait que produire des modèles, donc des martyrs. Certes, elle tuait des individus, mais ils restaient convaincus du bien-fondé de leur hérésie.

Le Parti ne veut pas reproduire ces erreurs. Jadis on tuait des hommes qui demeuraient rebelles et mouraient justement pour cela, par exemple lors de l'Inquisition, de la terreur nationale-socialiste ou de la dictature marxiste-léniniste. Aujourd'hui, le Parti veut que le rebelle soit intimement convaincu qu'il a eu tort de se rebeller : il veut des aveux vrais et non extorqués sous la torture.

Une fois ces aveux vrais obtenus, le Parti travaille à effacer le nom de qui a avoué. L'intellectuel rééducateur dit au rééduqué : «La postérité n'entendra jamais parler de toi. Tu seras soustrait au flot de l'histoire. Nous te transformerons en gaz et nous t'expédierons dans la stratosphère. Il ne restera rien de toi, pas même un nom sur un registre, pas même un souvenir dans un cerveau vivant. Tu seras réduit à néant dans le passé comme dans l'avenir. Tu n'auras jamais existé[297]. » Une fois converti à l'idéologie d'État, ledit État supprime le converti et toute trace de lui.

SEPTIÈME COMMANDEMENT
ASPIRER À L'EMPIRE
« Le Parti a deux objectifs :
la conquête de toute la surface de la terre
et l'éradication de toute velléité autonome[228] »

PRINCIPE 29
FORMATER LES ENFANTS
« Le formatage qu'il subit depuis l'enfance [...]
lui ôte tout désir et toute faculté
d'approfondir quelque sujet que ce soit[247] »

Pour imposer une idéologie, on peut donc contraindre ceux qui sont adultes par la force, l'intimidation, la violence, l'emprisonnement, la terreur, la surveillance, la torture. Ce qui n'exclut pas, bien sûr, la contrainte psychique, à savoir l'intimidation, la persuasion, la sophistique, la rhétorique.

Avec les enfants, cet endoctrinement est facile : il permet d'éviter la dissidence à venir par le formatage d'un cerveau dont on a vu qu'il était l'organe qui fabrique la réalité. Il suffit donc d'agir dès le berceau[246] sur leur encéphale afin de pratiquer le dressage neuronal qui dispensera d'avoir un jour à corriger un esprit rebelle et indépendant.

Conditionnés par le Parti, les enfants en deviennent les propagateurs zélés. Au point qu'ils dénoncent à la milice quiconque leur paraît déviant, y compris leurs parents! Ceux-là mêmes qui, parmi les géniteurs, se gaussent d'avoir fabriqué de petits soldats du régime se retrouvent un jour envoyés à la potence par leur progéniture : le père ayant prononcé dans son rêve un mot qui faisait songer à un crime par la pensée, sa fille l'a donné à la police politique... Mais le père est un adulte tellement formaté que, dans sa cellule même, il s'enorgueillit d'avoir une fille aussi futée : «Ça montre que je l'ai élevée comme il faut[274]», dit-il avant d'avouer que, s'il est incarcéré, c'est qu'il l'a bien mérité!

On ne peut mieux signifier comment, dans cet état de déréliction politique et éthique, la parole de l'enfant endoctriné vaut plus et mieux que celle d'un adulte qui conserve une once de liberté libre.

PRINCIPE 30
ADMINISTRER L'OPPOSITION
« Big Brother te regarde[336] »

Dans ce régime dictatorial, il existe une opposition. Elle est secrète, on ignore ce qu'elle est, mais on sait que Goldstein en tire les ficelles et qu'il existe un livre, *le* livre, qui contient tous les principes de cette Fraternité invisible. Parfois on saisit des bribes de phrases, on aperçoit un graffiti vite effacé, on croit discerner l'esquisse d'un signe de la main laissant croire que la Fraternité n'est pas un mythe mais une réalité. On imagine que son voisin, son collègue, voire son compagnon ou sa compagne, pourraient en faire partie, mais sans jamais en avoir la certitude.

Mais, si l'on ne parvient pas même à savoir si cette Fraternité existe, comment pourrait-on imaginer la façon d'y entrer? Qui prendra le risque de solliciter qui pourrait se révéler un agent de la police politique?

O'Brien, que Winston prenait pour un fidèle pilier du régime, contacte Winston; il l'invite chez lui avec sa compagne Julia. Dans un intérieur luxueux, il lui offre des cigarettes, une denrée habituellement introuvable, du vin, une boisson rare et précieuse, et lui confirme qu'il existe bel et bien une Fraternité opposée au régime et qu'à partir de cette rencontre, il en fait désormais partie.

O'Brien donne les principes de la Fraternité : il faut être prêt à mourir pour elle, à commettre des meurtres s'il le faut, à pratiquer des sabotages qui pourraient entraîner la mort de centaines d'innocents, à trahir sa patrie au profit de puissances étrangères, à truquer, à fabriquer des faux, exercer du chantage, à droguer des gens, encourager la prostitution, à propager des maladies sexuellement transmissibles, à vitrioler le visage des enfants, à perdre son identité, à travailler toute sa vie à des tâches plus qu'ingrates, à se suicider, à subir des opérations de chirurgie esthétique pour changer de visage, en un mot : à tout lui sacrifier.

Personne ne sait le nombre des membres de cette Fraternité et qui ils sont. Les contacts seront rares et limités, puis furtifs. Chacun de ces résistants n'en connaît que deux ou trois autres, jamais plus. Il n'y aura donc ni camaraderie, ni encouragement, ni aide à attendre de qui que ce soit.

O'Brien dit qu'on fera parvenir *le* livre de Goldstein à Winston et Julia : *Théorie et pratique du collectivisme oligarchique* – c'est un livre dans le livre qu'est *1984*. Il présente les principes de la société totalitaire : l'organisation de la société en trois classes ; la division du monde en trois super-États en guerre ; la nécessité d'organiser l'ignorance pour obtenir la puissance sur les masses ; l'exigence d'organiser des guerres pour mieux conduire les peuples ; le combat à mener contre le raisonnement empirique ; l'usage du progrès scientifique aux seules fins dictatoriales ; l'aspiration du Parti à l'Empire ; l'abolition de toute pensée autonome ; le fait que le socialisme ne lutte ni pour l'égalité ni pour la liberté mais pour changer la classe des maîtres ; le recours à l'imprimerie, la radio, la presse, le cinéma comme instruments de propagande de masse ; l'usage de l'écran pour abolir la vie privée ; la construction d'un homme unidimensionnel ; la revendication de l'inégalité économique et le renoncement à la collectivisation de la propriété ; la toute-puissance de Big Brother – au sommet, infaillible, invisible ; l'inexistence d'une capitale à cet État ; le recours à une seule langue officielle – l'anglais ; l'éviction des prolétaires de l'aristocratie qui gouverne ; l'assèchement intellectuel qui rend impossible toute révolte ; la baisse d'instruction générale du peuple ; les logiques du politiquement correct et de la bienpensance ; le formatage des individus dès l'enfance ; le mépris de ce que pense le peuple ; les principes de la doublepensée ; l'inexistence du passé et sa réécriture ; le Parti producteur de vérité ; l'usage d'un novlangue ; les mécanismes de la transfiguration des mensonges en vérité ; l'arrêt de l'Histoire ; le double sens des mots ; la guerre comme mystique utile pour gouverner – tout y est.

Sauf que c'est le pouvoir qui a rédigé cet ouvrage de résistance et qu'il se sert de cette Fraternité pour attirer à lui les opposants et les faire tomber. Ce fameux livre est un collectif rédigé par les intellectuels du pouvoir – dont O'Brien[306]. De sorte que, quoi qu'il en soit, soumis au gouvernement ou rebelle au pouvoir, acteur de la domination ou résistant à la tyrannie :

113

Big Brother regarde tout, voit tout, sait tout – absolument tout.

PRINCIPE 31
GOUVERNER AVEC LES ÉLITES
« La nouvelle aristocratie se composait
essentiellement de bureaucrates, de scientifiques,
de techniciens, de journalistes,
de leaders syndicaux, d'experts en publicité,
de sociologues, de professeurs, de journalistes
et de politiciens de métier[241] »

Ceux qui écrivent ce livre, qui dirigent la tyrannie au point qu'ils pilotent même la résistance à la tyrannie, constituent une oligarchie. De quoi est-elle composée? «La nouvelle aristocratie se composait essentiellement de bureaucrates, de scientifiques, de techniciens, de journalistes, de leaders syndicaux, d'experts en publicité, de sociologues, de professeurs, de journalistes et de politiciens de métier[241]. »

On l'a vu avec O'Brien : cette élite habite de beaux immeubles dans les beaux quartiers où les bombes et les roquettes ne tombent jamais au contraire des quartiers miséreux exclusivement ciblés; elle ignore la crise et la pénurie; elle ne sait pas ce que signifie manger une nourriture dégoûtante ou boire des alcools frelatés, fumer des cigarettes sans tabac; elle marche sur des tapis moelleux ou des moquettes épaisses; elle habite de vastes pièces emplies avec des meubles de qualité; elle emprunte des ascenseurs rapides, fluides et silencieux; elle se fait servir par des domestiques étrangers en livrée – elle peut éteindre le système de contrôle permanent de sa maisonnée.

« Les dirigeants étaient toujours plus ou moins contaminés par les idées progressistes, ils s'accommodaient fort bien de laisser des boulons desserrés ici ou là, en ne s'intéressant qu'aux actes manifestes sans chercher à savoir ce que pensaient leurs administrés[241]. »

Cette caste, dont il est donc dit qu'elle est « toujours plus ou moins contaminée par les idées progressistes », a renoncé bien sûr au programme communiste de la collectivisation des terres, elle a également abandonné l'idée d'abolir la propriété privée, mais elle a créé une logique nouvelle : « Le plus sûr fondement de l'oligarchie était le collectivisme[242] » – mais pour elle, entre elle, avec ses seuls membres : elle partage ce qu'elle a confisqué au peuple en vertu du principe que « les richesses et les privilèges se défendent bien mieux quand on les détient à plusieurs ».

La propriété, par exemple, ne se trouve plus entre les mains d'individus mais de groupes. La mission de l'élite constituée de journalistes et d'intellectuels, de publicitaires et de syndicalistes, de

115

bureaucrates et de politiciens, de sociologues et de professeurs, de techniciens et de scientifiques, consiste donc à pérenniser la confiscation des biens, des richesses et des propriétés aux individus afin de les confirmer dans les mains des groupes qui, en retour, permettent aux membres de cette oligarchie de vivre une vie de nababs entre luxe et domesticité, vins fins et immeubles cossus, privilèges et avantages. Voilà pour quelles raisons «l'inégalité économique est devenue permanente[242]».

Le tortionnaire qui soumet Winston à la question après l'avoir attiré dans les filets de la fausse Fraternité est lui-même un intellectuel issu de cette aristocratie qui méprise le peuple et écarte du pouvoir jusqu'à les supprimer physiquement les sujets de qualité quand ils appartiennent au prolétariat par crainte qu'ils ne deviennent des ennemis du régime[244]...

PRINCIPE 32

ASSERVIR GRÂCE AU PROGRÈS
«Quant au progrès technologique,
il ne voit le jour que lorsque les productions
peuvent [...] brider la liberté des hommes[228]»

Les dirigeants sont contaminés par l'idéologie progressiste. Mais ils font un usage idéologique de la science : elle n'existe pas ouvertement dans le

116

régime et le mot même a disparu, elle est un témoignage de l'ancien monde. Car la science suppose l'observation empirique, la méthode expérimentale, la vérification des hypothèses, leur multiplication pour assurer la reproductibilité des résultats obtenus une première fois, la quête d'une vérité et son établissement après l'usage d'une raison bien conduite – autant de menaces pour l'idéologie qui ne vit que de croyances et de suppositions, de catéchismes et de créance, de foi et de préjugés, de superstitions et de dévotion.

Toutefois, quand il s'agit de construire un avion, les préjugés et les croyances ne suffisent pas. Si les ingénieurs abordent la construction d'un aéronef avec l'aide d'une mathématique qui postule que $2 + 2 = 5$ parce que le Parti l'a décidé un jour, il est peu probable que l'artefact qui sortira des ateliers vole un jour…

Mais le Parti a réponse à tout. Il a en effet mis en place une double science : l'une s'avère compatible avec l'idéologie, et n'en est donc pas une véritable ; l'autre laisse de côté l'idéologie et croit le réel plus vrai que ce qu'en dit le Parti – c'est la vraie science.

C'est ainsi que dans ce régime progressiste, il existe «un double système d'astronomie[311]» comme on trouve chez certains commerçants véreux une double comptabilité. O'Brien de conclure : ainsi «les étoiles peuvent être proches ou lointaines selon les besoins du moment[311]».

Voilà pour quelles raisons «pour la philosophie, la religion, l'éthique ou la politique, deux et deux peuvent faire cinq. Mais dès lors qu'il s'agit de concevoir un fusil ou un avion, il faut bien qu'ils fassent quatre. Les nations inefficaces ont été conquises tôt ou tard, et la quête de l'efficacité s'accommode mal des illusions[233]». CQFD.

«Quant au progrès technologique, il ne voit le jour que lorsque les productions peuvent […] brider la liberté des hommes[228].» Dès qu'il s'agit de construire des armes, de préparer des guerres, d'être efficace en matière d'espionnage, d'assurer la domination et le contrôle sur les citoyens, la science expérimentale fait la loi, car l'idéologie seule ne permettrait pas d'aller bien loin.

«Le Parti a deux objectifs : la conquête de toute la surface de la terre et l'éradication de toute velléité autonome[228].» De sorte que la recherche scientifique véritable, loin de toute foi dans le Parti, doit viser deux objectifs : permettre l'extermination massive des ennemis et entrer dans le cerveau des hommes. Chimistes, psychologues, physiciens, biologistes, mais aussi philosophes, sociologues et autres membres de l'*intelligentsia* collaborent à cette entreprise.

PRINCIPE 33
DISSIMULER LE POUVOIR
« Quelque part, dans l'anonymat le plus total,
il y a les cerveaux directeurs
qui orchestrent le tout et définissent
les grandes lignes de la politique[56] »

On ne peut voir l'élite, l'aristocratie, l'oligarchie à l'œuvre mais seulement ses petites mains. Où se trouve le pouvoir véritable? le pouvoir des pouvoirs? Il est partout présent mais visible nulle part. Bien sûr, il n'est pas là où on croit le voir : ni chez l'intellectuel qui torture ni chez l'ouvrier qui imprime les ouvrages de propagande, ni chez le préposé à l'effacement puis à la réécriture de l'Histoire, ni chez le photographe qui retouche les images, ni chez le professeur de gymnastique qui militarise les réveils, ni chez la secrétaire qui organise le détail de la Semaine de la Haine, ni chez la prostituée tolérée par le régime, ni chez le « prolo » qui se fait bombarder et boit du mauvais gin dans des tavernes glauques.

Toutefois, « quelque part, dans l'anonymat le plus total, il y a les cerveaux directeurs qui orchestrent le tout et définissent les grandes lignes de la politique exigeant que tel fragment du passé soit conservé, tel autre falsifié, tel autre enfin purement et simplement effacé[56] ».

Y a-t-il un cerveau directeur à ces cerveaux directeurs? «Quant à son chef en titre, on ne sait au
juste où il se trouve[245]», nous est-il dit. Mais il
existe. C'est l'un des deux ou trois bunkers du
gouvernement planétaire…

4
Théoriser la révolution

« Les prolos ne sont pas des êtres humains[66] »

Dans *1984*, Orwell donne une théorie de la dictature, mais il a également offert une théorie de la Révolution dans *La Ferme des animaux*. Dans l'esprit d'Ésope, de Phèdre et de La Fontaine, le romancier propose une longue fable en prose avec une thèse très simple : une révolution c'est un changement complet de paradigme... avant retour à l'endroit de départ !

Le mot procède de l'astronomie. Avant sa récupération par la politique, chez Kepler et Galilée par exemple, il qualifie le mouvement d'une planète qui effectue sa révolution, c'est-à-dire qui part d'un point pour aller vers un autre avant de retrouver ce même point après sa course. Il n'y a donc pas déperdition de sens lors du passage du ciel des astres à la terre des hommes : toute révolution est une destruction avec l'objectif d'une reconstruction qui s'avère pur et simple rétablissement de ce qui a été détruit ! Voilà la leçon tragique d'Orwell.

L'Histoire lui donne raison : quelle révolution lui donnerait tort ? 1789 ? Elle commence avec des revendications très simples : du pain pour la famille, du lait pour les enfants, du savon pour se laver... Ces revendications sont portées par ceux que l'Histoire a nommés les enragés : Jacques Roux, Claire Lacombe, Théophile Leclerc, Jean-François Varlet. Ils voulaient taxer les denrées, réquisitionner les grains, combattre les agioteurs et les accapareurs. Ensuite, ils ont voulu la démocratie directe et la révocabilité des élus. Ils ont été le sel de la Révolution française, son sel et son étincelle. Qui les a combattus ? Danton et Robespierre, Marat et Hébert, autrement dit, les huiles de la Révolution française. Robespierre les a envoyés à la guillotine, comme tous ceux qui ont empêché son pouvoir personnel – les girondins, les dantonistes, les hébertistes et tant d'autres. De quoi a accouché la Révolution pour les gens simples et modestes ? De rien... Ils étaient pauvres et exploités sous un régime monarchique, ils sont restés pauvres et exploités sous un régime républicain ! Les biens confisqués au clergé ont été mis en vente. Qui a pu les acheter ? Sûrement pas ceux qui manquaient de pain et qui demandaient de quoi manger... En revanche, ceux qui avaient de l'argent ont pu s'enrichir encore, à savoir : les bourgeois. Que pouvait donc bien faire aux pauvres d'être désormais «libres et égaux en droit» s'ils mouraient de faim encore et toujours ?

À quoi bon l'inscription de la devise «Liberté, Égalité, Fraternité» sur les frontons des bâtiments publics? Liberté de manquer de pain? Égalité avec ceux qui manquent de pain? Fraternité mais seulement entre ceux qui manquent de pain? La Révolution française fut l'occasion pour le peuple de changer de maîtres : après la Révolution, le Dieu catholique des monarchistes fit moins la loi parce que ce fut l'argent des bourgeois qui prit sa place. Lors de la Révolution française, la faim des ouvriers a nourri la bourgeoisie d'affaires et les propriétaires.

Faut-il aller voir du côté de 1917 pour trouver un contre-exemple? Pas du tout. Au contraire. En Russie, les mouvements de rue ne voulaient pas le bolchevisme mais la fin de l'état de pénurie dû à la Première Guerre mondiale. Une fois de plus, le peuple avait faim. Le 20 février 1917, c'est la rumeur d'un rationnement du pain qui met la foule en mouvement. Un ventre plein ne fait pas la révolution pour des idées, c'est une pensée impossible à comprendre pour les intellectuels qui ignorent le réel et évoluent dans un monde d'idées pures. Or, la faim n'est pas une idée, mais une réalité sèche et rude. Les Russes qui veulent de quoi faire une soupe n'aspirent ni à la dictature du prolétariat ni au matérialisme dialectique, ni à la négation de l'empiriocriticisme ni au dépassement de l'hégélianisme ! Ils veulent manger à leur faim... Lénine confisque ce mécontentement avec un coup d'État, c'est octobre 1917. Il instaure la dictature du parti unique, abolit les libertés, détruit la presse d'opposition, crée des camps pour y déporter les opposants – Staline n'invente rien : il se contente d'installer la dictature dans la durée. Quand en 1921 les marins de Cronstadt se révoltent en rappelant qu'ils ont fait la révolution pour les soviets, autrement dit pour la démocratie directe, Lénine leur envoie la troupe – celle de l'Armée rouge créée par Trotski. Avec la Révolution russe, la faim du prolétariat russe nourrit la *nomenklatura* soviétique.

1968 pourrait également être convoqué. Mais le mouvement est moins une révolution qu'une révolte : les étudiants protestent contre la misère sexuelle (l'une de leurs premières revendications est la mixité des campus...) et quand les ouvriers les rejoignent, ça n'est pas pour faire la révolution selon Marx, selon Lénine, selon Mao, selon Trotski, selon Castro, ces amuse-bouche d'intellectuels, mais pour augmenter leur salaire afin de vivre mieux la vie des gens simples et modestes.

Or, Mai 68 accouche d'une série inattendue : l'éviction du général de Gaulle grâce à un front antigaulliste extrêmement efficace qui a réuni la droite libérale, bien sûr, car elle a toujours montré une plus grande dilection pour l'Argent que pour le Peuple, mais aussi le socialisme mitterrandien, déjà, et le communisme stalinien ; la disparition de l'Histoire et de ses grandes fresques au profit des petites aventures des banques d'affaires, inaugurée par un normalien, agrégé, banquier chez Rothschild qui ajusta le tir sur le Général et qui fit mieux qu'au Petit-Clamart, j'ai nommé Georges Pompidou; la mise en orbite d'une droite anti-gaulliste libérale pour qui le marché fait la loi et qui, en guise d'Histoire, ne croit qu'à celle des capitaux – Valéry Giscard d'Estaing fut l'homme lige de ce projet; puis l'arrivée au pouvoir d'un président qui se disait socialiste mais fut converti aux lois du marché comme horizon historique indépassable deux ans après son accès au pouvoir et qui n'eut de cesse de précipiter la chute de la France dont il avait décidé qu'il fallait la dissoudre dans l'acide libéral de l'Empire maastrichien. Cet homme fit comme l'empereur Constantin : sa conversion fut celle de toute une gauche, celle du socialisme de Jaurès et de Blum, transformée en bras armé du capital qui ne s'est jamais aussi bien porté qu'avec elle. Les anciens soixante-huitards qui furent trotskistes, lambertistes, maoïstes, situationnistes, guévaristes, se sont pour la plupart vendus au capital et sont depuis ses agents zélés. Ils défendent le pétard et l'euro, le cigare et Maastricht, la fin de la cravate et le triomphe de l'argent-roi. Bernard Tapie, un homme d'affaires douteux de cette « gauche », fut le héros de ces traîtres-là.

Mai 68 n'échappe pas à la règle : le cineaste Romain Goupil qui fut à l'avant-scène de ce mouvement quand il était jeune et beau tutoie et insulte désormais les Gilets jaunes, affalé dans son fauteuil, tel un ministre pompidolien débordant de son costume trop petit pour lui, bien qu'il n'en porte pas. Avec July, Joffrin, Cohn-Bendit, BHL et quelques autres, ces anciens lanceurs de pavés sont passés du côté des CRS... *Da capo!*

Même si la chose n'apparaît pas au premier regard, *1984* n'est pas aussi noir que *La Ferme des animaux*. À plusieurs endroits, il existe en effet une petite clarté dans le premier roman, même si elle paraît infime. Certes, l'ambiance est sombre, noire, glauque, sale, crasseuse, visqueuse, poisseuse, sordide, malpropre; mais il est dit ici ou là que l'espoir peut venir des prolétaires, les «prolos» dans le texte, qui constituent 85 % de la population : «S'ils le voulaient, ils auraient la puissance de faire exploser le Parti du jour au lendemain»[104]. Ou bien encore : «S'il y a un espoir, il est du côté des prolos[104].» Et ceci : «Les prolos sont restés humains. Ils n'ont pas le cœur endurci. Ils n'ont pas abandonné les émotions primaires[196].» Et encore : «L'avenir appartient aux prolos [...], les prolos sont immortels. [...] Au bout du compte, leur réveil adviendra. Et d'ici là, quand bien même il faudrait patienter un millénaire, ils resteront en vie contre toute attente, tels les oiseaux du ciel, se transmettant par la voie du corps la vitalité que le Parti ne partage pas et qu'il ne parvient pas davantage à étouffer[258]. » Certes, ce sont des discours que Winston se tient à lui-même ou à Julia dans leurs moments de complicité, c'est son espoir. Mais la fin du roman ne témoigne pas en faveur de cet espoir : après une incarcération et les épreuves de la torture, le rebelle Winston entrera dans le rang, finira par aimer Big Brother et se fera tuer par le régime en souscrivant à cette décision, tout entier acquis à sa servitude volontaire.

Que faut-il faire de cet espoir ? Est-ce une leçon dans l'esprit libertaire de La Boétie qu'Orwell nous donne en laissant croire à son lecteur que la dictature n'existe que par le consentement de ceux sur lesquels elle s'exerce et qu'il suffirait au peuple, aux *prolos*, de ne plus consentir pour que la dictature ne soit plus ? On peut le croire.

Mais ne serait-ce pas un vœu pieux ? Car *La Ferme des animaux* donne une autre leçon. Du moins on n'y trouve pas une seule parcelle d'espoir : la Révolution est trahie, le peuple en est la victime, point à la ligne. On peut même extrapoler : il est dans la nature de toute révolution d'être trahie et dans l'ordre des choses que le peuple en fasse toujours les frais. C'est la thèse de cette fable…

5

Ce que dit *La Ferme des animaux*

La Ferme du Manoir appartient à M. Jones qui a tendance à lever le coude. Dans cet endroit vivent Sage l'Ancien, un cochon, mais également d'autres porcs, Boule de Neige, Brille-Babil et Napoléon, puis Œil rose, un goret ; le chien Filou et deux chiennes, Fleur et Constance ; des chevaux de trait, Malabar le mâle, Douce sa femelle et une autre jument blanche, Lubie ; Edmée, une chèvre blanche ; Benjamin, un âne ; Moïse, un corbeau apprivoisé ; on y trouve également un chien berkshire et deux autres molosses qui se nomment Brille et Minimus ; et le menu fretin, dont des rats et des lièvres, des poules et des vaches, des pigeons et des canetons, une chatte, mais aussi et surtout des moutons sans nom... Il va de soi que, dans la logique de la fable, chaque animal est plus que lui : il est un caractère, un tempérament, et parfois un personnage historique. Je dirai qui est qui ou quoi le moment venu.

Sage l'Ancien fait un rêve : il a médité toute sa vie, il va bientôt la quitter, il voudrait faire profiter l'assemblée d'animaux réunis selon ses vœux dans le garage de sa sagesse acquise pendant les ans : la vie est pauvre et misérable, le travail prend toute la place et, une fois parvenu en bout de course, quand on est devenu inutile, on est mis au rebut. Le loisir et le bonheur sont choses inconnues. Sage l'Ancien affirme qu'il faut à chacun une vie digne et décente.

Or, ce serait possible : le pays est prospère, le sol fertile, le climat propice. Nourrir tous les animaux de la ferme en abondance, voilà qui n'est pas hors d'atteinte. La misère existe parce que le travail est volé par les humains. «Camarades, là se trouve la réponse à nos problèmes. Tout tient en un mot : l'homme. Car l'homme est notre seul véritable ennemi. Qu'on le supprime, et voici extirpée la racine du mal. Plus à trimer sans relâche! Plus de meurt-la-faim! L'homme est la seule créature qui consomme sans produire. Il ne donne pas de lait, il ne pond pas d'œufs, il est trop débile pour pousser la charrue, bien trop lent pour attraper un lapin. Pourtant le voici suzerain de tous les animaux. Il distribue les tâches entre eux, mais ne leur donne en retour que la maigre pitance qui les maintient en vie. Puis il garde pour lui le surplus. Qui laboure notre sol? Nous! Qui le féconde? Notre fumier. Et pourtant pas un parmi nous qui n'ait sa peau pour tout bien[10-11*]. »

Que peut-on faire pour en finir avec cette misère? Sage l'Ancien donne la recette : «Tous les maux de notre vie sont dus à l'homme. Débarrassons-nous de

---

* Les numéros de page renvoient à l'édition Folioplus classiques de *La Ferme des animaux* dans la traduction de Jean Queval.

l'homme, et nôtre sera le produit de notre travail. C'est presque du jour au lendemain que nous pourrions devenir libres et riches. À cette fin, que faut-il ? Eh bien, travailler de jour et de nuit, corps et âme, à renverser la race des hommes. C'est là mon message, camarades. Soulevons-nous ! Quand aura lieu le soulèvement, cela je l'ignore : dans une semaine peut-être ou dans un siècle. Mais, aussi vrai que sous moi je sens de la paille, tôt ou tard justice sera faite. Ne perdez pas de vue l'objectif, camarades, dans le temps compté qui vous reste à vivre. Mais avant tout, faites part de mes convictions à ceux qui viendront après vous, afin que les générations à venir mènent la lutte jusqu'à la victoire finale[12]. » Et puis ceci, dont il faudra se souvenir : «Tous les hommes sont des ennemis. Les animaux entre eux sont tous camarades[12]. »

Le discours de Sage l'Ancien[A]* est accueilli par le vacarme causé par quatre rats qui déboulent, les chiens les poursuivant. Mais, question cruciale, les rats, qui sont des animaux à quatre pattes, mais aussi des «créatures sauvages[13] », sont-ils des amis ou des ennemis ? On vote : ce sont des amis. La chatte a voté pour une chose puis son contraire, mais une majorité fait de ces bêtes sauvages des camarades de lutte et de combat...

---

* Ces lettres, A, B, C, etc., renvoient à la partie suivante du présent ouvrage dans laquelle ces moments de la fable sont décryptés.

Sage l'Ancien reprend le fil de son propos : « L'ennemi est tout deuxpattes*, l'ami tout quatrepattes ou tout volatile. Ne perdez pas de vue non plus que la lutte elle-même ne doit pas nous changer à la ressemblance de l'ennemi. Même après l'avoir vaincu, gardons-nous de ses vices. Jamais animal n'habitera une maison, ne dormira dans un lit, ne portera de vêtements, ne touchera à l'alcool ou au tabac, ni à l'argent, ni ne fera négoce. Toutes les mœurs de l'homme sont de mauvaises mœurs. Mais surtout jamais un animal n'en tyrannisera un autre. Quand tous sont frères, peu importe le fort ou le faible, l'esprit profond ou simplet. Nul animal jamais ne tuera un autre animal. Tous les animaux sont égaux[13 B]. »

Le cochon raconte son rêve. La vie après les hommes lui est apparue magnifique. Une chanson de son enfance de goret lui revient avec ses paroles : elle a pour titre *Bêtes d'Angleterre*, il la chante avec sa voix rauque de vieux porc... Il y est question d'animaux de tous les pays et d'un âge d'or qui est promis, de jour de délivrance et de harnais qui sont tombés, de propriété collective et de liberté pour tous. Elle est reprise en chœur par toutes les bêtes qui vibrent à l'unisson. Toutes l'apprennent par cœur.

L'unisson de cette chanson[c] reprise par les animaux de la Ferme du Manoir réveille le propriétaire. Il croit à la venue d'un renard. Il prend sa carabine, tire une

---

* J'aurais pour ma part substitué à « deuxpattes » *bipède* et à « quatrepattes » *quadrupède*.

volée de plombs dans la grange. Les animaux ont peur, se réfugient dans leur coin et tout rentre dans l'ordre. Les animaux s'endorment.

Trois jours plus tard, Sage l'Ancien meurt de sa belle mort. On l'enterre. Commence alors une «intense activité clandestine[17]». Mort, il devient un prophète. Plus personne ne doute que ce qu'il a annoncé adviendra un jour. «La double tâche d'instruire et d'organiser échut bien normalement aux cochons, qu'en général on regardait comme l'espèce la plus intelligente[17].» Deux verrats tirent alors leur épingle du jeu : Napoléon et Boule de Neige. S'y ajoute Brille-Babil, un goret à la voix perçante et à l'œil malin. Il était aussi «un causeur éblouissant qui, dans les débats épineux, sautillait sur place et battait l'air de la queue. Cet art exerçait son plein effet au cours des discussions. On s'accordait à dire que Brille-Babil pourrait bien vous faire prendre des vessies pour des lanternes[18]* ».

Ce trio de révolutionnaires[D] a «élaboré un système philosophique sans faille qu'ils appelaient l'Animalisme[18] [E]». Des réunions secrètes[F] permettent aux animaux de s'imprégner de ces principes. Certaines bêtes veulent rester fidèles à Jones, d'autres estiment que le propriétaire les nourrit en oubliant que c'est pour un travail mal payé, tel estime qu'il ne sert à rien de se battre pour un projet qui doit advenir, mais si loin dans le temps[G], tel autre ajoute que si le soulèvement

---

* On imagine que, dans une autre traduction, ce Brille-Babil aurait pu s'appeler Beau-Parleur…

est inéluctable, à quoi bon vouloir ce qui adviendra tout seul? L'apathie et la bêtise font le reste...

Lubie, la jument blanche, demande si après ce soulèvement il y aura toujours du sucre, si elle pourra toujours porter des rubans dans sa crinière; il lui est vertement répondu que ces demandes, sucre et colifichets, sont nulles et non avenues : en régime animaliste, il n'y a plus ni sucre ni rubans[H], lui signifie Boule de Neige. Elle ne moufte pas...

Apparaît Moïse[I], un corbeau apprivoisé par Jones. Il était son animal de compagnie préféré. Il a la langue bien pendue et passe pour un espion. «À l'en croire, il existait un pays mystérieux, dit Montagne de Sucrecandi, où tous les animaux vivaient après la mort. D'après Moïse, la Montagne de Sucrecandi se trouvait au ciel, un peu au-delà des nuages. C'était tous les jours dimanche, dans ce séjour. Le trèfle y poussait à longueur d'année, le sucre en morceaux abondait aux haies des champs[19]. » Les autres animaux ne l'aiment guère, car il ne travaille pas comme eux et passe son temps à débiter ses sornettes – sornettes auxquelles un certain nombre de bêtes souscrivent...

Les deux chevaux de trait Malabar et Douce, qui sont incapables de penser par eux-mêmes, sont des affidés de Moïse. Mais quand les cochons prennent le pouvoir, ils deviennent les partisans de leurs nouveaux maîtres : ils assistent à toutes les réunions; ils apprennent et récitent ce qu'il y a à apprendre et à réciter; ils transmettent aux autres le catéchisme nouveau avec zèle et constance; ils chantent et font chanter l'Hymne nouveau.

Ce que dit La Ferme des animaux

Jones perd un procès, il devient alcoolique, il reste prostré chez lui à lire le journal, ses ouvriers le filoutent et ne font plus rien : la ferme périclite. À la Saint-Jean, il boit plus que de raison. Les ouvriers ne viennent pas travailler. Les animaux ne sont pas nourris. Une vache défonce la porte pour trouver à manger. D'autres lui emboîtent le pas. Jones arrive avec ses employés. Ils fouettent les bêtes. «D'un commun accord et sans s'être concertés, les meurt-la-faim* se jetèrent sur leurs bourreaux[20]» – puis ils chassent les hommes de la Ferme... Jones ramasse vite fait quelques affaires et s'enfuit, Moïse accompagne son maître dans sa déroute. «Ainsi, et presque sans qu'ils s'en soient rendu compte, le soulèvement s'était accompli : Jones expulsé, la Ferme du Manoir était à eux[21].» Les animaux qui n'en croient pas leurs yeux manifestent une joie sans nom. Ils détruisent alors les instruments de leur servitude et les brûlent. Napoléon distribue des rations de nourriture, on chante plusieurs fois l'Hymne avec ferveur, puis tout le monde va se coucher.

Le lendemain, premier jour de la Révolution, Napoléon et Boule de Neige entrent avec précaution dans la maison de Jones : ils sont stupéfiés par le luxe. Lubie essaie les rubans de Mme Jones, mais on la ramène à la raison. L'alimentation des humains est détruite : on enterre les jambons et l'on vide les fûts de bière. On vote pour savoir quoi faire de cette bâtisse,

---

* Pourquoi pas les « crève-la-faim » ?

elle devient un musée. «Les animaux tombèrent d'accord que jamais aucun d'eux ne s'y installerait[23]. »

Napoléon et Boule de Neige réunissent les animaux en séance plénière : ils les invitent à reprendre le travail et à faire les foins. Pendant les derniers mois, les cochons ont appris à lire avec un abécédaire abandonné sur le fumier par les enfants de Jones. Boule de Neige efface l'inscription «Ferme du Manoir» et la remplace par «Ferme des Animaux».

Les cochons qui ont étudié sont parvenus à réduire les principes de l'Animalisme à Sept Commandements qui sont peints en gros caractères visibles sur un mur à une trentaine de mètres. Certes, il y a des fautes d'orthographe et une lettre inversée, mais peu importe. Les principes sont écrits, il faut les apprendre par cœur. Les voici :

1. Tout Deuxpattes est un ennemi.
2. Tout Quatrepattes ou tout volatile, un ami.
3. Nul animal ne portera de vêtements.
4. Nul animal ne dormira dans un lit.
5. Nul animal ne boira de l'alcool.
6. Nul animal ne tuera un autre animal.
7. Tous les animaux sont égaux[24].

Des vaches se plaignent : elles n'ont pas encore été traites. Les cochons s'en occupent. Ils obtiennent cinq seaux de lait bien crémeux. Qu'en faire? Les animaux disent que du temps de Jones, il en allait dans la pâtée des animaux. Napoléon dit qu'il va s'en occuper.

Les récipients disparaissent pendant que les animaux sont partis travailler aux champs...

Les outils faits pour les hommes sont inadaptés aux animaux mais la récolte est bonne. Les cochons ne travaillent pas mais ils distribuent le travail. Ils commandent. «Avec leurs connaissances supérieures, il était naturel qu'ils prennent le commandement[26]. » Tout le monde travaille, la production est supérieure à ce qu'elle était dans le passé, plus personne ne vole, les disputes ont disparu, il n'y a plus de tire-au-flanc, même si Lubie n'est pas très ardente à la tâche, pas plus que la chatte qui disparaît pendant que les autres sont au travail et réapparaît une fois qu'il est terminé.

Malabar[J] se fait tout particulièrement remarquer : il travaille comme trois, il ne s'arrête pas, il est dur à l'ouvrage, il ne ménage pas sa peine, il se fait réveiller plus tôt que les autres par les coqs, il est le volontaire de toutes les tâches urgentes : «À tout problème et à tout revers, il opposait sa conviction : "Je vais travailler plus dur." Ce fut là sa devise[27]. » Malabar ne s'appelle pas par hasard Malabar, autrement dit : gros costaud...

Pendant ce temps, le vieil âne Benjamin[K1] reste identique à lui-même : «Il s'acquittait de sa besogne de la même manière lente et têtue, sans jamais renâcler, mais sans zèle inutile non plus. Sur le soulèvement même et ses conséquences, il se gardait de toute opinion. Quand on lui demandait s'il ne trouvait pas son sort meilleur depuis l'éviction de Jones, il s'en tenait à dire : "Les ânes ont la vie dure. Aucun de vous n'a jamais vu mourir un âne", et de cette réponse sibylline on devait se satisfaire[28]. »

Le dimanche, jour férié, le déjeuner est servi une heure plus tard. Les couleurs sont levées : le drapeau vert arbore une corne et un sabot[K2] – c'est le vert des pâturages gras et la corne et le sabot, « la future république, laquelle serait proclamée au renversement définitif de la race humaine[29] ». On salue le drapeau. Puis on se rend à l'assemblée générale, dite l'Assemblée[L], afin d'établir le plan de travail de la semaine. Les cochons proposent, les autres animaux disposent, mais faute d'alternative, ils obéissent toujours à ce que proposent les porcs. Ce sont donc Napoléon et Boule de Neige qui décident pour le reste des bêtes, mais ces deux-là ne s'entendent pas. L'Hymne entonné en fin de réunion réunit fictivement tout le monde. L'après-midi est consacré aux loisirs pour le vulgum pecus et aux études des arts et métiers pour les cochons qui se plongent dans les livres de la bibliothèque technique de Jones...

Boule de Neige répartit tout le monde dans des commissions[M] : « Il constitua pour les poules la Commission des pontes, pour les vaches la Ligue des queues de vaches propres, pour les réfractaires la Commission de rééducation des camarades vivant en liberté dans la nature (avec pour but d'apprivoiser les rats et les lapins), et pour les moutons le Mouvement de la laine immaculée, et encore d'autres instruments de prophylaxie sociale – outre les classes de lecture et d'écriture[29]. »

138

Ce que dit La Ferme des animaux

« Dans l'ensemble, ces projets connurent l'échec » : les animaux sauvages refusent la domestication mais profitent de tout ce dont ils peuvent bénéficier dans ces heures de générosités enthousiastes, la chatte qui est la figure emblématique de l'oisiveté siège au Comité de rééducation et y montre un zèle tout particulier, on la voit sur le faîtage parlementer avec les oiseaux qui sont ses camarades sur le papier mais qui conservent un bon sens atavique : depuis trop longtemps les volatiles font les frais des chats, la Révolution n'y pourra rien !

L'illettrisme[N] recule : les cochons lisent et écrivent à la perfection ; les chiens déchiffrent couramment, mais ne sont intéressés que par les Sept Commandements ; la chèvre Edmée y montre plus de talent ; le cheval de trait Douce a bien appris les lettres, mais ça lui est insuffisant pour comprendre les mots ; son compagnon Malabar ne va pas au-delà d'une seule lettre ; la futile Lubie refuse d'apprendre l'alphabet et ne mémorise que les lettres de son nom ; les autres animaux de la Ferme ne vont pas au-delà du *a* ; les moutons, les poules et les canards, qui sont les animaux les plus bornés, ne peuvent pas même apprendre par cœur les Sept Commandements, ils peuvent tout juste mémoriser un slogan simplissime : « Quatrepattes, oui ! Deuxpattes, non[31] ! » Ils estiment par ailleurs que toute la théorie de l'Animalisme s'y trouve suffisamment résumée ! Et l'âne Benjamin ? « Il pouvait lire aussi bien que n'importe quel cochon, mais jamais il n'exerçait ses dons. » « Que je sache, disait il, il n'y a rien qui vaille la peine d'être lu[30] »...

Mais les oiseaux font mentir ceux qui estiment que leur cervelle est celle de moineaux ! Car la formule qui fait des Deuxpattes des ennemis oblige à les verser dans le camp des adversaires des Quatrepattes ! Ils sont des animaux à deux pattes et, de ce fait, on les assimile aux humains ! Problème…

Boule de Neige règle le problème en un coup de cuillère à pot : « "Les ailes de l'oiseau, camarades, étant des organes de propulsion, non de manipulation, doivent être regardées comme des pattes. Ça va de soi°. Et c'est la main qui fait la marque distinctive de l'homme : la main qui manipule, la main de la malignité." Les oiseaux restèrent cois devant les mots compliqués de Boule de Neige, mais ils approuvèrent sa conclusion, et tous les moindres animaux de la ferme se mirent à apprendre par cœur la nouvelle maxime : Quatrepattes, oui ! Deuxpattes, non, que l'on inscrivit sur le mur du fond de la grange, au-dessus des Sept Commandements et en plus gros caractères[31]. » Les moutons l'apprennent et la bêlent en chœur de longues heures durant.

Les deux chiennes Constance et Fleur donnent naissance à neuf petits. Au sevrage, Napoléon fait savoir qu'il pourvoira personnellement à leur éducation. Il les enlève à leurs parents, les emporte à l'écart, les met à l'abri de tous les regards. Puisqu'ils disparaissent de la vue, les petits chiens sont oubliés de tous…

Le mystère du lait disparu est un jour résolu : les cochons se le réservent°. Ils se gardent également les pommes. Boule de Neige explique qu'il n'y a là aucun égoïsme, aucune inégalité, aucun traitement de faveur, aucun passe-droit, aucun privilège : «Le lait et les pommes (ainsi, camarades, que la science le démontre) renferment des substances indispensables au régime alimentaire du cochon. Nous sommes, nous autres, des travailleurs intellectuels. La direction et l'organisation de cette ferme reposent entièrement sur nous. De jour et de nuit nous veillons à votre bien. Et c'est pour votre bien que nous buvons ce lait et mangeons ces pommes.» Et puis cet argument imparable : «Savez-vous ce qu'il adviendrait si nous, les cochons, devions faillir à notre devoir? Jones reviendrait! Oui, Jones[32]!» – et qui en effet voudrait voir revenir Jones?

Des pigeons voyageurs informent les autres animaux alentour que la Révolution a eu lieu dans la Ferme du Manoir devenue Ferme des Animaux[Q]. Il s'agit d'obtenir le soulèvement des autres animaux.

Jones fait savoir à ses semblables humains qu'il a été privé de ses biens et exproprié; ses semblables sont horrifiés : ils craignent pour leurs propres fermes; ils ne veulent surtout pas que leur cheptel apprenne que les animaux ont fait la révolution. Mais, comme ils se haïssent, les propriétaires ne parviennent pas à faire front commun. Ils se contentent de railler l'autogestion de la Ferme et prédisent la famine, puis la faillite. Mais rien ne se déroule comme ils l'ont prévu. Dès lors, ils changent de stratégie : ils passent de la moquerie à la calomnie. Ils font courir la rumeur que des scandales et des atrocités sont en cours, ils parlent de cannibalisme, de tortures mutuelles et de femelles mises en commun...

Mais des contre-rumeurs existent également : on fait savoir que cette Ferme autogérée obtient des résultats formidables, information qui génère des vagues d'insubordinations. On chante l'Hymne un peu partout et les animaux qui l'entonnent se font parfois tabasser, ce qui n'empêche pas la contagion : la révolte s'étend, la peur des propriétaires aussi.

Jones et ses congénères marchent armés sur la Ferme des Animaux. Mais «Boule de Neige avait étudié les campagnes de Jules César[36]». Fort de ce savoir acquis dans les livres des humains, il prépare le combat. Les animaux attaquent – charge des oies, fientes des oiseaux, attaques massives des moutons, coups de cornes des chèvres, ruades de l'âne... Boule de Neige manœuvre : il feint la débandade et la retraite, l'ennemi y croit et avance, la contre-attaque surprend les humains par l'arrière, ils ripostent en tirant des coups de fusil, Boule de Neige est touché, un mouton est abattu. Malabar savate les humains. Bien que blessé, Boule de Neige précipite sa masse sur l'ennemi, la chatte griffe à tout-va : les humains battent en retraite, la bataille est gagnée[R]. On célèbre la victoire : on hisse le drapeau, on chante l'Hymne, on offre des funérailles solennelles aux animaux morts, on prononce une allocution, on crée une décoration spéciale, on décore de manière posthume, on donne un nom à ce combat, la «bataille de l'Étable[39]», on dresse un monument au pied d'un mât avec le fusil de Jones, on décide de commémorer l'événement chaque année.

Lubie fait des siennes, elle arrive en retard, avance des excuses bidon, parle de douleurs... En fait, elle collabore avec l'ennemi : on l'a vue se faire caresser par un homme de la ferme d'à côté à qui elle a parlé; Douce le lui reproche; elle nie, mais, dans son box, la compagne de Malabar retrouve du sucre et des rubans cachés dans sa paille. Trois jours plus tard, elle a disparu : elle a franchi les clôtures⁵ pour retrouver le camp des hommes, des pigeons l'y ont vue. Elle y tracte une carriole pour eux, mange le sucre que lui donne son propriétaire et, bien sûr, propre et tondue de près, elle arbore les rubans qu'elle aimait tant et dont la Révolution l'avait privée.

Les sempiternelles oppositions entre Boule de Neige et Napoléon trouvent un point de cristallisation quant au projet de construction d'un Moulin à vent : Boule de Neige, qui a travaillé l'aspect technique du dossier et a finalisé les plans, veut qu'il permette la modernité, l'électrification, l'arrivée des machines, l'éclairage et le chauffage l'hiver, le confort de l'eau courante chaude et froide pour tous, les machines qui libéreraient les animaux des travaux pénibles et les rendraient disponibles pour la culture et le loisir, la lecture et la conversation. Les animaux souscrivent; pas Napoléon qui est hostile à ce projet et le fait savoir en pissant sur les plans de Boule de Neige... Boule de Neige veut le bonheur des animaux; Napoléon, l'augmentation de la productivité alimentaire.

La Ferme se divise sur la question. Faut-il soutenir l'un ou l'autre ? Boule de Neige veut la semaine de trois jours rendue possible par la mécanisation ; Napoléon, la mangeoire pleine pour tous. De même, ils se cha-maillent sur la défense du territoire et la menace que font peser les propriétaires coalisés sur la Ferme des Animaux ; quelle réponse faut-il apporter ? Militariser la société, dit Napoléon ; internationaliser la Révolution, rétorque Boule de Neige. Les bêtes sont d'accord avec le dernier qui a parlé – sauf Benjamin qui « se refuse à croire à l'abondance de nourriture comme à l'extension des loisirs. Moulin à vent ou pas, disait-il, la vie conti-nuera pareil – mal par conséquent[44] ».

Alors que les deux protagonistes défendent chacun leur position concernant le Moulin à vent, Napoléon pousse un cri aigu. Arrivent alors neuf molosses qui aboient de façon terrifiante et attaquent Boule de Neige qui ne doit son salut qu'à la fuite. On ne le reverra pas... Flanqué de ses gros chiens, Napoléon prend la parole, là où jadis Sage l'Ancien avait prononcé son discours : il abolit les assemblées du dimanche matin ; désormais, un comité privé présidé par lui décidera de la gestion de la Ferme. Quatre gorets protestent : la garde rapprochée de Napoléon grogne et menace, la rébellion est stoppée net, les autres animaux entonnent l'Hymne, les moutons bêlent les slogans...

Brille-Babil explique aux animaux de la Ferme ce que sont les dispositions nouvelles en faisant assaut de rhétorique militante : l'exercice du pouvoir n'est pas une partie de plaisir, c'est au contraire une lourde tâche; tous les animaux sont égaux, bien sûr, et, certes, Napoléon préférerait que le peuple décide, mais s'il lui arrivait de décider mal... « Il pourrait vous arriver de prendre des décisions erronées, et où cela mènerait-il alors[47] ? » argumente le despote...

Boule de Neige expulsé de la Ferme, il est désormais présenté comme un criminel[T] par Brille-Babil, l'intellectuel qui fabrique les mythes du pouvoir : les animaux se souviennent-ils d'un Boule de Neige valeureux et vaillant lors de la bataille de l'Étable, qu'on leur répond que son rôle a été exagéré, qu'il a manqué de loyauté et d'obéissance et que la discipline est la première des vertus – or, elle lui a fait défaut... Réaction de Malabar : « Si c'est le camarade Napoléon qui l'a dit, ce doit être vrai » – le cheval de trait qui ne sait être que cheval de trait décide alors de travailler plus encore puis ajoute : « Napoléon ne se trompe jamais[48]. »

Le temps passe. « On avait déterré du verger le crâne de Sage l'Ancien désormais dépouillé de toute chair, afin de l'exposer sur une souche au pied du mât, à côté du fusil. Après le salut au drapeau, et avant d'entrer dans la grange, les animaux étaient requis de défiler devant le crâne, en signe de vénération[48 U]. »

L'époque n'est plus à l'assemblée ; Napoléon apparaît désormais seul à la tribune ; il est flanqué de poètes officiels, deux cochons : Brille-Babil et Minimus ; les molosses le séparent du restant de l'assistance ; les consignes de la semaine sont édictées par lui de façon bourrue et militaire ; la réunion se termine rapidement.

Finalement, contre toute attente, Napoléon annonce que la construction du Moulin à vent va avoir lieu... Il faudra plus de travail encore et probablement moins de nourriture, mais le projet conçu, pensé, voulu par Boule de Neige devient celui de Napoléon qui s'en empare sans donner d'explications...

Brille-Babil explique que Napoléon a le premier voulu ce projet et que les plans présentés par Boule de Neige avaient en fait été volés dans ses papiers. À qui fait remarquer que, jadis, le chef actuel avait été contre, il est répondu que «c'était astucieux de Napoléon d'avoir *paru* hostile au Moulin – un simple artifice pour se défaire de Boule de Neige, un individu pernicieux, d'influence funeste. [...] Cela, dit Brille-Babil, c'est ce qu'on appelle la tactique. À plusieurs reprises, sautillant et battant l'air de sa queue et se pâmant de rire, il déclara : "De la tactique, camarades, de la tactique[49]!" »

Les animaux travaillent comme des esclaves pendant un an : «Mais le travail les rendait heureux[51] »... Tous espèrent que les fruits de cet investissement leur reviendront un jour, à eux ou à leurs enfants. La semaine de travail est de soixante heures. Napoléon impose ensuite le travail le dimanche après-midi et ce de façon bénévole. Dans le même temps, les rations sont réduites de moitié. L'impéritie de ceux qui planifient les travaux de la Ferme génère une mauvaise récolte. Les travaux du Moulin sont compliqués : l'extraction de la pierre et son fractionnement posent des problèmes; les outils humains sont inadaptés à la morphologie des animaux; le travail de force laisse les animaux Gros-Jean comme

devant; tout est effectué avec lenteur; rien n'est efficace – les cochons supervisent...

Un jour, Napoléon annonce «une ligne politique
nouvelle[53] ᵛ». En quoi consiste-t-elle? «Dorénavant la
Ferme des Animaux entretiendrait des relations com-
merciales avec les fermes du voisinage : non pas bien
entendu pour faire du négoce, mais simplement pour se
procurer certaines fournitures d'urgente nécessité[54].»
Vendre du foin, du blé ou des œufs à des humains
devient d'un seul coup licite. Les animaux se sou-
viennent pourtant : «Ne jamais entrer en rapport avec
les humains, ne jamais faire de commerce, ne jamais
faire usage d'argent – n'étaient-ce pas là certaines des
résolutions prises à l'assemblée triomphale qui avait
suivi l'expulsion de Jones? Tous les animaux se rappe-
laient les avoir adoptées : ou du moins ils croyaient en
avoir gardé le souvenir[54].» Les quatre gorets déjà réfractaires à la suppression des assemblées par Napoléon
manifestent leur réticence : les molosses les menacent,
ils renoncent. Les moutons scandent les slogans,
Napoléon fait savoir que les autres animaux n'auront
pas besoin d'être en contact avec les humains et qu'il
s'en chargera, lui.

Brille-Babil prend le relais et fait son travail : il
convainc que jamais, au grand jamais, il n'a été question d'interdire le commerce avec les humains et
l'usage d'argent à la Ferme! Le croire est une affabula-
tion, un rêve, ou souscrire à une désinformation ourdie
par Boule de Neige. D'ailleurs, il demande si quel-
qu'un dispose d'un document attestant cette prétendue

décision. Il n'y en a aucun? Alors... Dès lors, les animaux sont convaincus de s'être trompés!

Un humain vient tous les lundis et commerce avec Napoléon. Les Deuxpattes qui ont longtemps cru que la ferme autogérée s'effondrerait ont changé d'avis : elle vit encore, certes, ils la haïssent toujours, mais ils ne répugnent pas à commercer avec elle.

Dans le même temps, les cochons s'installent dans la maison de Jones. Les animaux rappellent que c'était interdit; Brille-Babil réactive sa rhétorique habituelle : « Il est d'une absolue nécessité, expliqua-t-il, que les cochons, têtes pensantes de la ferme, aient à leur disposition un lieu paisible où travailler. Il est également plus conforme à la dignité du chef (car depuis peu il lui était venu de conférer la dignité de chef à Napoléon) de vivre dans une maison que dans une porcherie[56]. » Les porcs mangent donc dans la cuisine, ils ont transformé le salon en salle de jeux et dorment dans des lits! Malabar n'y voit rien à redire, selon le principe qui était le sien que « Napoléon ne se trompe jamais », mais sa compagne, Douce, se rend avec la chèvre Edmée au fond de la grange pour y lire les Sept Commandements qui y avaient été peints jadis. Le quatrième dit : « Aucun animal ne dormira dans un lit avec des draps[57] »...

Brille-Babil explique qu'aucun règlement n'a proscrit les lits pour les cochons, aucun, jamais. L'interdiction n'a jamais porté sur le lit puisqu'une litière en est un, mais sur les draps seulement... Or les cochons dorment sans draps, entre deux couvertures. Et les camarades cochons qui travaillent dur pour la communauté ont

148

besoin d'un sommeil réparateur : qui le leur refuserait ? Si d'aventure ils ne pouvaient se reposer correctement, la Ferme péricliterait, ce qui ramènerait Jones sur ses terres, ce que personne, bien sûr, ne souhaite ! L'affaire est ainsi close. Quelques jours plus tard, les cochons décident qu'ils se réveilleront une heure plus tard que les autres.

Le Moulin avance bien ; Malabar va y travailler de nuit ; les animaux sont fiers du travail accompli – sauf Benjamin qui « se refusait à l'enthousiasme, sans toutefois rien dire que de répéter ses remarques sibyllines sur la longévité de son espèce[58] ». Mais la tempête le détruit dans la nuit. Napoléon accuse Boule de Neige de sabotage et décrète sa condamnation à mort. La reconstruction est décidée.

Le travail s'avère plus pénible encore ; l'hiver est rude ; le froid et la faim sévissent ; les pommes de terre gèlent. La Ferme des Animaux cache l'état réel des choses au monde extérieur ; quand un humain vient commercer, on le désinforme en lui racontant que tout va bien et que les rations ont été augmentées alors qu'elles ont été diminuées... Les moutons sont convoqués pour répandre les fausses informations. Napoléon fait remplir des coffres de sable et les recouvre avec une pellicule de grains et de farine, le tout est négligemment exhibé devant l'humain qui rapporte qu'il dispose des preuves de l'abondance à même de faire pièce aux calomnies et aux malveillances des ennemis de la Ferme des Animaux[W].

Napoléon ne sort plus, sinon avec force décorum et escorté par ses molosses; il ne s'exprime plus et laisse le soin de sa communication aux autres cochons en général et à Brille-Babil en particulier.

Il a conclu un pacte commercial avec les humains par lequel ces derniers seront payés avec des œufs; il prive donc les poules de leur ponte; elles se rebellent et sabotent le marché en faisant tomber leur production sur le sol. Napoléon réagit brutalement : il leur coupe la nourriture et prononce la peine de mort contre quiconque les nourrirait. Les chiens veillent à l'application du programme. Neuf poules y laissent la vie. Le pouvoir ment sur la cause de leur mort. Cinq jours plus tard, la rébellion est matée. Les œufs sont livrés aux humains.

Le bruit court que Boule de Neige revient la nuit et qu'il est responsable de tout ce qui ne va pas dans la Ferme : il vole le blé, casse les œufs, brise les fenêtres, bouche les égouts, dissimule les clés. Les vaches disent même qu'il les trait à leur insu la nuit pendant qu'elles dorment. On dit des rats qu'ils sont ses complices. On ajoute que Boule de Neige est de connivence avec les humains et qu'il fomente avec eux une attaque en règle. Napoléon accable son ancien compagnon, il en fait un espion et un traître depuis le premier jour. Il prétend disposer de documents attestant qu'il était déjà du côté des Quatrepattes lors de la bataille de l'Étable. Les animaux doutent – y compris Malabar qui rappelle sa valeur, son ardeur au combat, ses blessures. Brille-Babil arguë que tout cela fait partie de la machination. Puis il explique que seul Napoléon s'est comporté en héros alors que Boule de Neige travaillait à livrer les animaux aux humains. Afin de couper court aux discussions, Brille-Babil décrète que Napoléon a dit que c'était ainsi – tous acquiescent alors...

Flanqué de ses molosses, le même Napoléon apparaît en arborant des décorations. Il annonce que des espions qui travaillent pour Boule de Neige sont cachés parmi les animaux. Quatre cochons sont attaqués par les chiens. Puis c'est au tour de Malabar lui-même de faire les frais de cette agression[X]. Le cheval se défend à coups de ruades. Il cloue au sol sous son sabot l'un des chiens de garde et implore Napoléon du regard : doit-il tuer ou épargner ? Le chef suprême décide de l'épargner, Malabar veut donc lui aussi l'épargner, le chien s'enfuit.

Les quatre cochons rebelles sont prostrés. « Napoléon les invita à confesser leurs crimes[Y]. » On leur demande d'avouer, ils avouent : oui ils sont bien des agents secrets de Boule de Neige qui conspire contre la Ferme des Animaux. « Leur confession achevée, les chiens, sur-le-champ, les égorgèrent[68]. » Napoléon demande si d'autres ont des aveux à faire. Les poulets qui avaient conduit la révolte des œufs s'avancent : ils confessent... des rêves coupables dans lesquels Boule de Neige leur est apparu pour les inciter à mal faire ! Ils sont exécutés à leur tour. Une oie admet qu'elle a volé six épis de blé et qu'elle les a mangés l'année d'avant, deux moutons qu'ils ont tué un vieux bélier compagnon du chef suprême : ils sont eux aussi massacrés. « À la fin ce fut, aux pieds de Napoléon, un amoncellement de cadavres, et l'air était lourd d'une odeur de sang inconnue depuis le bannissement de Jones[69]. »

Malabar estime qu'ils sont probablement coupables… de ne pas avoir assez travaillé ; mais sa compagne Douce pleure en se souvenant que ça n'était pas l'idéal de départ formulé par Sage l'Ancien. Certes, elle doute, mais il faut à tout prix éviter le retour des humains ! Elle défend donc elle aussi Napoléon et chante l'Hymne. Les autres animaux s'associent à son chant. C'était celui du soulèvement qui a réussi ; l'exécution des traîtres marque un second temps dans la Révolution ; l'ennemi du dehors est vaincu de même que l'ennemi du dedans ; il faut un nouveau chant : un Hymne nouveau est proposé[z].

Douce se souvient que, au commencement de la Révolution, un commandement interdisait de tuer : « Nul animal ne tuera un autre animal[73]. » Après les meurtres de masse dans la Ferme, *quid* de cet impératif ? Elle veut en avoir le cœur net et se rend devant le mur où il avait été peint. Elle y découvre alors cette nouvelle formule : « Nul animal ne tuera un autre animal sans raison valable[73]. » Personne ne se souvient de la présence de ces trois derniers mots à l'origine. Et ce dernier commandement n'a pas été violé : les exécutions de masse ne sont pas en contradiction avec ce principe puisqu'il y avait de bonnes raisons à cela – la trahison d'espions à la solde de Boule de Neige…

Le travail au Moulin est plus harassant encore : il doit être deux fois plus solide qu'avant. Le travail exigé est à l'avenant. Brille-Babil annonce une augmentation des chiffres de la production – mais jamais de ceux des rations...

Napoléon vit désormais dans la maison de Jones : il est servi par deux chiens et mange tout seul dans un service en porcelaine. Il dispose d'un goret, Œil rose, qui goûte ses plats afin de savoir si on ne cherche pas à l'empoisonner. On commémore sa naissance. Il n'est « plus jamais désigné par un seul patronyme. Toujours on se référait à lui en langage de protocole : "Notre chef le camarade Napoléon." De plus, les cochons se plaisaient à lui attribuer des titres tels que Père de tous les Animaux, Terreur du Genre Humain, Protecteur de la Bergerie, Ami des Canetons, et ainsi de suite[74] ». Les discours officiels célèbrent sa bonté, sa générosité, sa grandeur. Il est tenu pour le grand organisateur, le grand ordonnateur de tout : il facilite la productivité des pontes, il donne à l'eau son goût agréable. Des chansons sont écrites par des poètes de cour qui célèbrent ses vertus qui sont parmi les plus hautes et les plus belles. Les textes sont peints sur les murs en même temps que des portraits de lui[^]. Des poules avouent la préparation d'un complot contre Napoléon, elles sont exécutées.

Dans sa relation commerciale avec les humains, Napoléon entretient des relations avec deux humains : avec l'un, les choses se passent bien, moins avec l'autre. Ce dernier se nomme Frederick. Les cochons prétendent qu'il veut mener une guerre contre la Ferme des Animaux. Le bruit court toujours que Boule de

Neige fomente lui aussi une attaque. On continue de le salir. Le slogan qui disait : «Mort à l'Humanité» laisse place à : «Mort à Frederick!» Ça n'est donc plus le genre humain en tant que tel qui est l'ennemi mais tel homme en particulier – donc pas les autres.

Le Moulin est achevé : Napoléon annonce qu'il portera son nom... Les animaux apprennent que Napoléon a vendu le stock de bois à... Frederick! Brille-Babil explique que le différend était fictif et stratégique. Napoléon fait admirer sa stratégie, sa diplomatie, et présente ses changements d'alliance comme voulus et sciemment choisis. Puis l'on découvre que la transaction s'est faite en fausse monnaie; Frederick redevient alors l'ennemi; il vient à la Ferme attaquer les animaux qui dynamitent le Moulin; Napoléon a raison des humains avec ses molosses. Brille-Babil, qu'on n'a pas vu pendant les combats, apparaît après la victoire[B'] qui est dite « du Moulin à vent ». Elle donne lieu à une cérémonie funèbre grandiose, à des chants et des discours, à des salves et des décorations. Une nouvelle médaille est créée pour l'occasion : Napoléon se l'attribue en personne...

Les cochons tombent sur une caisse de whisky retrouvée dans la cave et se saoulent. On les entend brailler, vociférer, chanter, y compris l'Hymne. Napoléon est vu titubant dans la cour portant le chapeau melon de Jones. Le lendemain, on annonce qu'il est mourant. C'est l'affliction dans la Ferme. Tout le monde est en deuil. La rumeur veut que Boule de Neige l'ait empoisonné... Le lendemain, le gros verrat est hors de danger. Il édicte une loi qui punit de mort la consommation de l'alcool, puis il se documente pour savoir comment on fabrique de la bière. Une semaine plus tard, il fait planter de l'orge.

Un soir de clair de lune, au pied du mur de la grange, on découvre Brille-Babil au pied d'une échelle. Il est groggy. Autour de lui, il y a des débris, un pot de peinture blanche, un pinceau et une lampe. Les chiens le conduisent à son logis. « Aucun des animaux n'avait la moindre idée de ce que cela pouvait vouloir dire, sauf le vieux Benjamin qui d'un air entendu hochait le museau quoique décidé à se taire[86]. » Sur le mur on peut lire : « Aucun animal ne boira d'alcool à l'excès » – seuls les malveillants ont pu croire qu'un jour le commandement premier était : « Aucun animal ne boira d'alcool » !

La reconstruction du Moulin mobilise tout le monde. Malabar est malade. On le soigne. La Révolution naissante avait décidé d'un âge de retraite et du versement d'une pension – mais il n'y a ni retraite ni pension. L'hiver est rude. Les cochons réduisent les portions, sauf les leurs et celles des chiens. Brille-Babil explique qu'« une trop stricte égalité des rations eût été contraire aux principes de l'Animalisme[88] » qui est un égalitarisme[88]... Quand il y a « réduction » des rations, ce cochon préposé à la propagande explique que ce mot n'est pas approprié et qu'il faut bien plutôt parler de « réajustement[88] ».

Puis il explique, chiffres à l'appui, que les animaux mangent plus, travaillent moins, vivent plus longtemps, que la mortalité infantile a diminué, que l'hygiène s'est améliorée, le confort également; or les animaux voient bien qu'ils travaillent dur, qu'ils ont faim et soif, froid aussi; mais ils croient se souvenir que c'était bien pis avant et puis qu'ils ne sont plus esclaves, comme avant, mais libres!

Napoléon, qui est le seul dans la Ferme à manger du sucre et l'interdit aux autres parce que ça fait grossir, engrosse lui-même les truies et éduque les gorets à l'écart. Les cochons commencent à avoir un statut à part. Ils vivent séparés. Les autres animaux doivent leur céder le passage. Le dimanche, ils arborent un ruban vert à la queue. Toute l'orge leur est réservée. Elle sert ensuite à brasser la bière que ces animaux sont les seuls à consommer. Des manifestations à la gloire de la Ferme avec processions militaires et culte de la personnalité, célébration de la productivité et coups de feu tirés en l'air, déclenchent la ferveur des moutons. Tous les animaux apprécient, bien qu'ils n'aient rien à manger.

La république est proclamée, on élit un président; Napoléon, qui est le seul candidat à se présenter, est plébiscité. Le corbeau Moïse réapparaît et reprend ses prêches. Du genre : «Là-haut, camarades, [...] de l'autre côté du nuage sombre, là se trouve la Montagne de Sucrecandi. C'est l'heureuse contrée où, pauvres animaux que nous sommes, nous nous reposerons à jamais de nos peines[91-92].» Il dit y être allé lui-même un jour et avoir vu «un gâteau tout rond fait de bonnes graines (comme les animaux n'en mangent pas beaucoup en ce bas monde), et des morceaux de sucre qui poussent à même les haies, et jusqu'au champ de trèfle éternel[92] ». Il enseigne que cette vie sur terre est vouée à la peine et à la souffrance, mais que l'autre vie sera faite de bonheur et de loisir, d'abondance et de joie. La relation entre les cochons et Moïse est singulière, car les porcs « étaient unanimes à proclamer leur mépris pour la Montagne de Sucrecandi et toutes les fables de cette farine, et pourtant le laissaient fainéanter à la ferme, et même lui allouaient un bock de bière quotidienne[92 C] ».

Vient un jour où, vieillissant, Malabar donne des signes de faiblesse et de fatigue. Puis il tombe malade. Douce le soigne avec tendresse, Benjamin chasse les mouches autour de lui. Malabar se dit qu'une fois guéri il prendra sa retraite, aura des loisirs, se cultivera et apprendra enfin à lire. Brille-Babil vient dire que Napoléon a décidé de l'envoyer à l'hôpital des hommes pour le soigner et le sauver. Un camion arrive pour le chercher. Mais Benjamin arrive tout excité et s'oppose à son départ, car *il a lu* sur le véhicule qu'il s'agissait du fourgon d'un équarrisseur ! Les animaux se pressent autour du véhicule pour dire au revoir à leur compagnon. Benjamin dit : « Ils emmènent Malabar pour l'abattre[95] ! » Cris d'horreur des animaux, le cocher fouette ses chevaux, le chariot part à toute allure, Douce se précipite, Malabar se lève et montre son nez à la fenêtre, tous les animaux lui disent qu'on le conduit à la mort, il essaie de défoncer l'habitacle à coups de ruades. Les animaux de la ferme implorent les chevaux qui tractent. Rien n'y fait. Personne n'a jamais revu

Malabar. Brille-Babil vient annoncer sa mort en racontant ses derniers moments qui auraient été tout à la gloire de la Ferme, du Moulin et de Napoléon. Puis il déconstruit l'information selon laquelle Malabar aurait été envoyé à l'équarrissage : le fourgon de l'équarrisseur avait été acheté d'occasion par le vétérinaire qui n'avait pas eu le temps d'y faire peindre son nouvel usage et sa nouvelle raison sociale... Les animaux sont convaincus. Une oraison funèbre est prononcée le dimanche suivant. Ses restes n'ont pu être rapportés à la Ferme pour y être inhumés. Un banquet d'hommage est décidé, il a lieu avec les seuls cochons qui descendent une autre caisse de whisky.

Le temps passe. Des animaux sont morts. Boule de Neige est tombé dans l'oubli. D'autres ont vieilli. Aucun animal n'a profité de la retraite. On ne parle d'ailleurs plus jamais de retraite. Benjamin est resté le même, il a juste un peu grisonné. Plus que jamais son caractère est revêche et taciturne. Napoléon et Brille-Babil sont devenus obèses. La Ferme s'est agrandie, elle est prospère, un autre Moulin a été construit. La Ferme s'est enrichie sans rendre les animaux plus riches, sauf les chiens et les cochons qui ne produisent rien mais mangent beaucoup. La vie des plus simples n'a pas changé : rudesse, austérité, frugalité, travail, souffrances. Plus personne ne se souvient d'avant. Sauf Benjamin qui « affirmait se rappeler sa longue vie dans le menu détail, et ainsi savoir que les choses n'avaient jamais été, ni ne pourraient jamais être bien meilleures ou bien pires – la faim, les épreuves et les déboires, telle était, à l'en croire, la loi inaltérable de la vie[101] ». Les animaux attendent toujours pour demain le bonheur promis hier, voire avant-hier... Ils croient toujours que tous les animaux sont égaux! Brille-Babil conduit les moutons à l'écart; en secret, il leur apprend un nouveau chant.

Une sidération saisit Douce quand elle voit un cochon marcher sur ses pattes arrière! Il s'agit de Brille-Babil. Certes, l'équilibre est précaire, mais les Quatrepattes marchent bel et bien comme les Deuxpattes! Et ce cochon est suivi par une série de porcs qui marchent debout, le cortège étant ouvert par Napoléon qui tient un fouet dans la patte! Acclamation des chiens et du petit coq noir. Les moutons bêlent les slogans. Silence de mort chez les autres animaux. Les cochons défilent : «C'était comme le monde à l'envers[103] »...

Douce conduit Benjamin au fond de la grange et lui demande de lire les Sept Commandements. En fait, tous ont disparu au profit d'un seul qui est nouveau et dit : «Tous les animaux sont égaux mais certains sont plus égaux que d'autres[104]. » Le lendemain, les cochons dirigent les travaux au fouet...

Les animaux découvrent qu'en plus de vivre dans la maison de Jones, de manger dans ses assiettes, de dormir dans ses lits, de porter ses vêtements, de boire ses bouteilles, de tuer d'autres animaux, de commercer avec des humains, d'avoir recours à l'argent, autrement dit de contrevenir à tous les commandements sans exception, les cochons écoutent la radio, utilisent des téléphones, lisent des journaux et des hebdomadaires. Napoléon marche sur deux pattes, porte chapeau, culotte de chasse et guêtres en cuir, et fume la pipe de Jones. Sa truie favorite porte une robe de soie moirée prélevée dans la penderie des habits du dimanche de Mme Jones.

Des humains viennent visiter la ferme pendant que les animaux travaillent. Le soir, dans la maison de Jones, cochons et humains festoient, banquettent, boivent de la bière, jouent aux cartes et portent un toast à la réconciliation entre les cochons marxistes-léni-nistes et les humains capitalistes. De part et d'autre, on parle de regrets, de craintes infondées, des rumeurs mauvaises, de la nécessité de la discipline ; mais on se réjouit également des rations basses, de la durée élevée du temps de travail et « du refus de dorloter les animaux de la Ferme[197] ». L'usage du mot camarade est aboli ; la propriété se trouve concentrée dans les mains des cochons ; le défilé devant le crâne de Sage l'Ancien est supprimé ; on enlève la corne et le sabot sur le dra-peau ; la Ferme des Animaux redevient la Ferme du Manoir.

Les animaux qui regardent ce banquet de l'extérieur n'en croient pas leurs yeux. Les cochons ressemblent physiquement aux humains et *vice versa* au point qu'on ne sait plus qui est qui. La soirée entre porcs et hommes se termine sur une algarade à propos du jeu de cartes. Les animaux vont se coucher. Demain ne sera pas un autre jour : ils ont seulement changé de maîtres.

160

Cette fable, bien sûr, appelle le décodage. Elle est du début jusqu'à la fin un texte antimarxiste, antibolchevique, anticommuniste, mais aussi, et plus largement, antitotalitaire, car ce qui marche avec Lénine, Staline et Trotski fonctionne tout aussi bien avec Hitler, Mussolini ou Franco ou bien encore avec tout autre dictateur quelle qu'en soit la couleur – rouge, brune sinon aujourd'hui verte.

A : Qui ne voit par exemple que le songe de Sage l'Ancien correspond point par point à la pensée de Karl Marx. Le discours sur la lutte des classes permet d'opposer les humains aux animaux comme le philosophe allemand opposait les bourgeois qui possèdent les moyens de production, ici dans la Ferme, aux prolétaires qui n'ont rien. Ce sont les thèses du *Manifeste du Parti communiste*. Avec ce discours d'un cochon, Orwell critique également l'exploitation capitaliste et dénonce l'improductivité du bourgeois, la confiscation de la plus-value par les propriétaires qui vivent de la rente et non du travail, la division du travail, le salariat calculé pour assurer la seule survie du travailleur et éviter le partage avec lui des bénéfices confisqués par les possédants – autant d'analyses développées de façon austère dans *Le Capital*.

B : Avec l'opposition entre Quatrepattes et Deuxpattes, animaux et humains, on retrouve les attendus bien connus du marxisme, mais aussi du marxisme-léninisme : dualisme, essentialisme, simplisme, prophétisme, millénarisme. Précisons. Chez l'auteur du *Capital*, comme dans *La Ferme des animaux*, on a une lecture du monde en noir et blanc – le bien d'un côté, les animaux, le mal de l'autre, les hommes; l'essentialisation des catégories : tous les animaux sont du côté du bien, même quand ils font le mal, et tous les humains sont du côté du mal, même quand ils font le bien; une théorie du bouc émissaire : il n'y a pas une série de causes pour expliquer le mal, mais une seule et unique raison : les hommes bien sûr, rien que les hommes et tous les hommes sans exception; ce simplisme dans la causalité se double d'un simplisme dans la solution : puisque le mal n'a qu'une origine, les hommes, supprimons le mal, les hommes, cela suffira pour créer l'avènement du bien; à l'issue de cette épuration anthropique, la promesse d'avenir est mirifique : du bonheur, de la liberté, de l'abondance, de la prospérité, de l'égalité, de la dignité, de la justice sociale – nous sommes dans une énième variation sur le thème du paradis sur terre, de Platon à Vaneigem, en passant par More et Campanella, Cabet, Badiou et Žižek, sans oublier la Célesteville de Babar, on ne manque pas d'extravagances politiques de ce type; ce discours est porté par un chef charismatique qui dit le vrai sur tout, tout le temps, qu'il s'agisse du passé, du présent ou du futur; enfin, ce qui doit advenir adviendra sans qu'on sache quand ni comment,

162

c'est le fameux sens de l'histoire hérité de Hegel : le soulèvement viendra à son heure, c'est une certitude, et il faut travailler pour demain, car c'est demain qu'on rasera *gratis*... Ce rêve de Sage l'Ancien, c'est donc le rêve de Marx. Cette fiction d'Orwell, en plein triomphe du marxisme-léninisme chez les intellectuels, assimile donc Marx à un cochon... On imagine combien la farce ne dut probablement pas être drôle pour tout le monde. Revenons à la Ferme...

C : La chanson *Bêtes d'Angleterre*, avec la naïveté révolutionnaire de son texte et le simplisme de sa musique, entre *Amour toujours* et *La Cucaracha*[14], est évidemment *L'Internationale* au nom de laquelle ceux qui se veulent camarades, comme y invite le Cochon, se reconnaissent, se mobilisent et vibrent en foule extatique. Associer l'Hymne révolutionnaire à ces musiques si peu martiales relève évidemment de l'ironie qui transpire dans tout le texte d'Orwell.

Quand Jones est réveillé par le chant de cette Internationale des Animaux et qu'il tire sur la grange afin de ramener ses bêtes au calme, on voit bien qu'Orwell traite de manière fictive la façon qu'ont les propriétaires de répondre aux premières manifestations d'unité des créatures opprimées : ils recourent à la violence et ne comprennent pas ce qui advient – Jones prend pour la venue d'un renard ce qui est en réalité la première secousse d'une rébellion. On songe à 1905 en Russie...

D : Le triumvirat qu'est dans la fable ce trio de verrats est constitué de Napoléon, Boule de Neige et Brille-Babil. Ces figures animales qui sont toutes des porcs font songer à un patchwork de révolutionnaires russes. Napoléon semble un mélange de Lénine et de Staline, Boule de Neige, qui devient l'ennemi public numéro un après avoir été l'ami compagnon de route, est un rappel de Trotski, alors que Brille-Babil pourrait être Jdanov, l'intellectuel au service des mensonges d'État. Ces trois protagonistes confisquent la Révolution à leur profit et vont, au fur et à mesure du temps, dévoyer les principes posés par Sage l'Ancien, *alias* Marx.

E : La doctrine élaborée par Sage l'Ancien est l'animalisme – c'est bien sûr le marxisme. Le Marx des *Manuscrits de 1844* fut dit humaniste – c'était tout l'enjeu du travail d'Althusser de réfléchir sur la coupure épistémologique et la nature de l'articulation entre l'humanisme marxiste, une théorie de jeunesse, et l'économisme du *Capital*, une pensée de la maturité, qui, dans les années 70, permettait des variations sur le thème du structuralisme et de l'éviction de l'homme, donc des hommes, c'est-à-dire de l'humain…

F : Les réunions secrètes et discrètes trouvent leur équivalent dans les réunions de cellule qui permettaient aux militants de recevoir la bonne parole révolutionnaire, délivrée par un militant aguerri et porteur des éléments de langage révolutionnaires, avant d'aller la porter eux-mêmes au-delà des limites de la loge militante.

G : Lors de ces réunions au cours desquelles tel ou tel animal demande pourquoi il faudrait vouloir faire la révolution alors que la théorie marxiste enseigne qu'elle s'effectue de façon dialectique, Marx enseigne en effet que la révolution s'avère inéluctable du simple fait de la dynamique de la lutte des classes qui génère la paupérisation qui, elle-même, ne pourra pas ne pas mécaniquement déboucher sur la victoire du prolétariat de plus en plus nombreux donc de plus en plus fort. Si la révolution est dite naturelle et dialectique pourquoi faudrait-il la présenter comme culturelle et idéologique ? C'est toute la question de la nature du matérialisme dialectique marxiste-léniniste qui se trouve ici posée : si le matérialisme n'est pas dialectique alors tout l'édifice bolchevique s'effondre...

H : Les revendications futiles et frivoles de la jument Lubie, la compagne du cheval de trait Malabar, sont celles des bourgeoises et de la bourgeoisie : le sucre est l'aliment inutile d'un point de vue alimentaire, car il n'est que festif, de même avec les rubans qui sont exclusivement décoratifs et incarnent le luxe. La Ferme marxiste ignorera les douceurs, qu'elles soient alimentaires ou métaphoriques, et le superflu, qu'il soit vestimentaire ou allégorique. Le fait qu'Orwell fasse porter la revendication du luxe et du superflu par une femelle lui vaudrait aujourd'hui un procès des nouvelles ligues de vertu !

I : Quant aux sornettes du corbeau Moïse, à ses histoires de vie après la mort et de bonheur dans un pays mystérieux au-delà du ciel, au sucre et au trèfle qui poussent partout sans travail, à celui qui ne travaille pas comme tout un chacun mais ne vit que de ses sermons, tout le monde aura reconnu le prêtre, vendeur d'arrière-mondes ! Que le prêtre soit l'ami du propriétaire et des siens, qu'il soit un auxiliaire de Jones auquel il permet d'asservir les animaux sur terre sous prétexte qu'ainsi ils obtiennent le ciel après leur mort, qu'il soit apprivoisé et le préféré du patron, on le comprend : c'est l'animal qui légitime l'exploitation de ses semblables par les hommes. Moïse, qui porte le nom du prophète des religions du Livre, est la bête de l'opium du peuple.

J : Malabar, quant à lui, incarne Stakhanov, un mineur russe qui, disait la propagande marxiste-léniniste, avait extrait quatorze fois plus de charbon que les autres. Il fut transformé par Staline en héros de la production socialiste. Il a été décoré de nombreuses médailles, célébré, promu député du Soviet suprême, son nom a été donné à une ville. Ce qu'aucun capitaliste n'aurait obtenu sans passer pour un négrier et sans encourir la résistance des travailleurs et des syndicalistes, le marxisme-léninisme l'a obtenu au nom de l'idéologie. Cette servitude volontaire que fut le stakhanovisme permit de rendre plus esclaves encore des travailleurs en leur disant qu'ils créaient ainsi les conditions de leur liberté...

K1 : L'âne Benjamin fait songer à Orwell lui-même – ou à un intellectuel qui serait resté critique, sinon à une figure de bon sens qui voit ce qu'il y a à voir et ne souscrit pas aux fariboles de ses maîtres. Il sait lire et garde la mémoire de tout. On songe à la fable de La Fontaine *Le Vieillard et l'Âne* dans laquelle le grison, que le vieillard empêche de se rouler dans l'herbe, conclut : «Notre ennemi c'est notre maître»... Il n'est pas non plus sans faire penser aux gens simples des classes laborieuses qui, selon Orwell, disposent d'une «décence commune» leur permettant de voir et concevoir le monde, de penser, d'agir en vertu d'un bon sens qui ne se laisse abuser par aucun discours séducteur. C'est par excellence l'anti-Brille-Babil, son antidote, son anticorps, son remède...

K2 : Le drapeau vert avec corne et sabot singe le drapeau rouge avec faucille et marteau... Dans l'Antiquité, cette dernière couleur signifie le pouvoir et la souveraineté parce qu'elle est obtenue à partir du jus d'un coquillage rare donc cher. La pourpre est associée aux empereurs, aux sénateurs romains, puis aux membres de la hiérarchie la plus élevée de l'Église, les cardinaux. Associée à la faucille du paysan et au marteau de l'ouvrier, elle signifie le pouvoir souverain du prolétariat.

L : L'Assemblée est le Soviet suprême. Sur le papier, c'est l'idéal : le conseil y décide en effet de façon collective lors de débats ce qui est le mieux pour la communauté; mais, dans la réalité, c'est moins le lieu du débat entre tous que celui des affrontements d'ego entre des tendances idéologiques et politiques adverses : l'opposition de Napoléon à Boule de Neige, pourtant deux cochons que leur fratrie devrait réunir, met en scène l'affrontement de deux tempéraments : celui de Staline-Napoléon et de Trotski-Boule de Neige. Il est bien évident que le silence des membres de l'assemblée rend possible le pugilat verbal des deux figures, un pugilat dont les animaux, donc le peuple, font toujours les frais. Ce qui se joue dans cette «Assemblée[29]» qui est la matrice du Soviet suprême, c'est moins le Conseil ouvrier que la lutte pour le leadership de la Révolution. Quand les marins de Cronstadt se révoltent en 1921, c'est justement parce que les équivalents de Napoléon et Boule de Neige ont confisqué le pouvoir qui n'est plus, ou pas, si tant est qu'il l'ait jamais été, entre les mains des travailleurs.

M : La création des commissions est l'un des premiers marqueurs de la trahison de la Révolution : c'est en effet la bureaucratie qui se profile contre le soviet. Cette bureaucratie va être moins un instrument au service du prolétariat qu'un dispositif utilisé contre les travailleurs eux-mêmes. Le soviet était l'outil de la démocratie directe qui permettait une authentique démocratie – l'exercice du pouvoir par le peuple, pour le peuple; la bureaucratie devient l'appareil de démocratie indirecte qui prive le peuple du pouvoir sur lui-même en le confiant à des bureaucrates impavides, à des techniciens étroits, à des ingénieurs idéologisés, à des commissaires du peuple fanatisés et autres auxiliaires de la dictature non pas *du* prolétariat mais *sur* le prolétariat.

N : Personne ne niera qu'en URSS ou dans d'autres pays communistes l'illettrisme ait reculé – c'est d'ailleurs souvent un argument des thuriféraires de ces régimes... Mais la lecture et l'écriture n'y étaient pas des instruments de libération intellectuelle, comme dans une démocratie digne de ce nom où l'offre intellectuelle est large et diverse, contradictoire et multiple, mais le moyen sûr d'un asservissement idéologique. L'inexistence de la littérature universelle et critique dans les bibliothèques ou les librairies des pays marxistes-léninistes et la seule présence d'une littérature de propagande en témoignaient. La lutte contre l'illettrisme est à penser dans une logique de propagande. Ignorer n'est pas bien, mais apprendre des mensonges et des fictions, des mythes et des fariboles n'est guère mieux... Qu'on se souvienne que le christianisme avait lui aussi intérêt à enseigner les foules, à ouvrir des écoles et des universités, mais afin de mieux endoctriner les écoliers et les étudiants. Qu'on n'oublie pas non plus qu'en régime de tyrannie libérale l'endoctrinement emprunte les mêmes chemins...

À propos de l'éducation et de l'enseignement, de la culture et des choses de l'esprit, Orwell soulève également un autre problème : après une Révolution qui a décrété l'égalité de tous et offre à chacun la même éducation, les faits montrent que l'inégalité naturelle demeure... Avec les mêmes cours, la même méthode, les mêmes corpus, les mêmes enseignants et les mêmes enseignements, chacun reste le même : futile la futile, abruti l'abruti, limité le limité, crétin le crétin, malin le malin ! Décréter l'égalité ne réalise pas l'égalité ; y travailler non plus. On doit compter avec une irréductibilité de la nature humaine : celui dont la nature est d'être un animal de trait ou une bestiole bêlante restera animal de trait ou bestiole bêlante ! Rien n'y fera. C'est tout le logiciel de la gauche rousseauiste, donc robespierriste, donc marxiste, donc marxiste-léniniste, donc celui du gauchisme culturel contemporain, qui s'effondre ici : on ne peut nier les faits et la nature, la culture n'est pas tout, ne peut pas tout, ne fait pas tout ! L'égalité des conditions, *qu'il faut bien sûr réaliser,* n'empêche pas l'inégalité des résultats. En plus d'un demi-siècle de soviétisme dans les pays du bloc de l'Est, et après avoir soumis des centaines de millions de sujets à ce traitement idéologique d'acier, le régime pédagogique n'a accouché d'aucun chef-d'œuvre universel, d'aucun génie ayant offert au monde un bienfait planétaire durable, d'aucune invention véritablement révolutionnaire...

O : Boule de Neige est un beau parleur, il est maître en rhétorique, en sophistique – les marxistes-léninistes auraient dit : en dialectique. L'expression «matérialisme dialectique», disent les gardiens du temple marxiste, ne se trouve pas chez Marx, certes, mais elle se trouve chez Engels... C'est Staline qui en fait la méthode du marxisme-léninisme. Cette scolastique d'un genre nouveau permet d'en appeler à la dialectique hégélienne et de justifier l'injustifiable par un discours fumeux tenu par tout bon rhéteur marxiste.

Dans la fiction d'Orwell, le problème logique est le suivant : tout Deuxpattes est un ennemi, car les hommes sont des Deuxpattes et ils sont des ennemis; or les oiseaux sont des Deuxpattes, bien qu'ils ne soient pas des humains mais des animaux, donc des amis; donc, il faut que ces Deuxpattes soient des amis, puisqu'ils ne sont pas des humains, mais des animaux. Dès lors, comment faire?

On mobilise une démonstration dont voici le cœur : «les ailes de l'oiseau, camarades, étant des organes de propulsion, non de manipulation, doivent être regardées comme des pattes. Ça va de soi. Et c'est la main qui fait la marque distinctive de l'homme : la main qui manipule, la main de la malignité[31] » !

Or, non, cela ne va pas de soi, il s'agit d'un paralogisme, et ce paralogisme dénonce ironiquement la puissance du matérialisme dialectique à démontrer que le réel n'est pas réel : car les ailes qui, effectivement, sont des organes de propulsion, ne sauraient être regardées comme des pattes qui sont des instruments de manipulation... À moins d'estimer que les ailes sont des pattes comme les autres, ce qui est la conclusion de ce paralogisme, qui a jamais vu un oiseau se servir de ses ailes comme de pattes pour saisir ou prendre ? Mao avait raison : la dialectique peut vraiment casser des briques – pourvu qu'elles soient en papier...

P : Le lait et les pommes confisqués par les cochons qui spolient ainsi les autres animaux de la Ferme constituent l'acte de naissance de toute *nomenklatura.* Cela définit l'existence d'une classe à part dans un régime qui se prétend sans classes. Cette aristocratie gouvernementale vit à part, en se réservant les avantages et les plaisirs de la vie hédoniste qu'elle critique. Cette nouvelle oligarchie crée à son avantage les privilèges qu'elle abolit pour les autres, elle se réserve les facilités d'existence qu'elle interdit aux autres, elle jouit du bien-être dont elle prive les autres, et ce, bien sûr, au nom du bonheur des autres !

Q : Les pigeons voyageurs qui vont porter la nouvelle de la Révolution au-delà des frontières de la Ferme des Animaux, voilà qui rappelle l'internationalisme de Trotski qui estimait que la Révolution ne saurait être nationale et que, pour éviter les attaques des pays capitalistes coalisés et sauver les acquis de 1917, il fallait déclarer la Révolution dans tous les pays en même temps afin de construire une internationale prolétarienne à même de répondre aux attaques des propriétaires susceptibles de s'organiser en front commun.

R : Dans cet esprit, on peut également supposer que les propriétaires remontés contre les prolétaires et leur Révolution, ce sont les fascistes en général et les nazis en particulier. De sorte que la bataille de l'Étable, avec sa retraite piteuse des contre-révolutionnaires battus à plate couture, correspond à la bataille de Stalingrad qui fut fêtée avec faste par les Soviétiques. En 1942, une médaille pour la Défense de Stalingrad est frappée...

S : Le passage de Douce dans le camp des hommes fait songer aux dissidents qui ont franchi le rideau de fer afin de rejoindre le camp de l'Ouest où ils ont retrouvé le sucre, l'or et les rubans, la société de consommation. Constatons en passant qu'Orwell ne donne pas de l'Occident dit libre une image forcément réjouissante : le camp des hommes, celui du capitalisme, est celui des babioles et des frivolités, de l'or et de l'argent, de la frime et du paraître. On peut ne pas aimer la société tyrannique du marxisme, nous dit-il, sans pour autant apprécier la société futile du capitalisme : les tyrans Napoléon et Boule de Neige, Brille-Babil l'intellectuel au service du pouvoir, l'abruti stakhanoviste Malabar, n'ont rien à envier à cette Lubie attirée par tout ce qui brille, narcissique et égotiste, qui aimait tant les miroirs et les colifichets, les soieries et les meubles de Mme Jones, et qui était aussi une dévote de Moïse, le corbeau apprivoisé vendeur de fictions religieuses...

T : L'expulsion de Boule de Neige par les molosses élevés en cachette par Napoléon raconte celle de Trotski par Staline en 1929. C'est pour Staline l'occasion de reprendre en main le pouvoir et de démarrer l'entreprise de collectivisation des terres. Ces molosses chargés de faire régner la loi du seul despote font penser à la Tcheka, qui deviendra la Guépéou, autrement dit la police politique créée par Lénine.

De même la criminalisation de l'ancien compagnon révolutionnaire s'appuie sur des faits historiques : l'image de Trotski, qu'elle soit réelle, symbolique ou allégorique, se trouve effacée, salie, maltraitée, vilipendée. Il devient l'ennemi public numéro un et le pouvoir le charge désormais de toute la négativité imputable au seul processus révolutionnaire : tout ce qui n'a pas marché ou ne marche pas, c'est sa faute ! Il est le bouc émissaire qui permet au pouvoir de s'exonérer de toutes ses erreurs, de toutes ses fautes et de tous ses ratages.

U : Le culte des reliques du père fondateur prend ici la forme d'une vénération du crâne de Sage l'Ancien : qui ne songerait au corps momifié de Lénine placé en 1924 dans un sarcophage de verre lui-même exposé dans un mausolée de marbre rouge et révéré par les communistes du monde entier?

V : L'impéritie du système communiste n'est plus à démontrer, voilà pourquoi on a faim, froid et que l'on manque de tout dans la Ferme des Animaux : quand ils ne faisaient pas purement et simplement défaut, les objets manufacturés en URSS étaient de mauvaise qualité ; la productivité était mauvaise : lenteur au travail, incompétence des ingénieurs qui pensaient en termes de plan sans souci de la réalité la plus concrète, démotivation des travailleurs, désorganisation du travail. Le tout a généré pénurie, famine ou la mise sur le marché de façon parcimonieuse de produits ni faits ni à faire…

D'où la nécessité en 1921 de la NEP, la Nouvelle Économie politique. Ce virage économique et politique radical permet à Lénine, au mépris de tout projet socialiste ou communiste, d'ouvrir une parenthèse… capitaliste ! Trotski l'avait proposée, Lénine l'a refusée, puis il a fini par la mettre en place tout de même. Le marxisme-léninisme ne sait pas produire et répondre aux besoins les plus élémentaires des humains : rien à manger, rien pour s'habiller, rien pour vivre, rien pour se vêtir, rien qui soit de qualité. Lénine doit demander du secours aux capitalistes pour que sa révolution communiste ne périsse pas ! Il décide alors pour une période limitée... à pas plus d'un quart de siècle de restaurer la propriété privée et d'instaurer du marché dans l'agriculture, il accorde de l'autonomie aux industries nationalisées, il autorise le commerce avec l'étranger, il permet aux salariés de louer à nouveau leur force de travail...

W : La désinformation qui fait la loi dans les discours officiels de la Ferme des Animaux est un grand classique des régimes marxistes-léninistes : il faut cacher ce réel qu'on ne saurait voir et en produire un autre qui soit alternatif et témoignerait de l'excellence du régime. On prend à témoin un visiteur étranger et on lui dit, on lui raconte, on lui montre ce que le pouvoir souhaite qu'il dise et raconte au reste du monde. Le régime national-socialiste fit ainsi «visiter» un faux camp de concentration afin que les victimes de cette fausse information la répandent dès leur retour. Le régime marxiste-léniniste faisait de même avec des hôtes de marque, notamment des intellectuels qui ont été nombreux à se goberger aux frais du bolchevisme pendant des décennies avant de s'en faire les ardents propagandistes de retour dans le monde dit libre.

X : Le sang versé par les cochons pour faire

régner la terreur parmi les animaux rappelle que le régime soviétique a abondamment pratiqué les purges et la terreur en inquiétant, persécutant, tabassant, torturant, déportant, exécutant, jusque parmi ses partisans. Pour que la terreur soit efficace, il ne faut pas qu'elle s'attaque aux seuls coupables, il faut qu'elle n'épargne surtout pas les innocents. Quand Malabar, qui est le prototype de l'ouvrier abruti zélé, borné et productiviste, obéissant et bas du front, propagandiste du pouvoir et dévot de son tyran, se fait attaquer par la police politique de Napoléon, il n'est évidemment coupable de rien! Du fait de son innocence, il apparaît comme une victime idéale, car, puisque chacun sait qu'il n'a rien à se reprocher mais que le pouvoir le décrète peccamineux et reprochable, n'importe qui a du souci à se faire et pas seulement les fautifs. Le spectacle de la punition de l'innocent terrorise le spectateur. C'est alors que le gouvernement terroriste atteint son but qui est de soumettre la totalité des sujets à sa férule afin d'obtenir une servitude volontaire. Le pouvoir veut qu'on ait peur de lui et, pour ce faire, rien de mieux que le châtiment de l'immaculé. La mise en cause de Malabar rappelle celle de Kamenev, Zinoviev, Kirov et de tant d'autres lors de la Grande Terreur stalinienne des années 30 – qui fit pas loin de un million de morts...

Y : L'autocritique des sujets du pouvoir fait partie du dispositif de la terreur : devant une brochette de juges révolutionnaires, le supposé coupable, la plupart du temps considéré comme un coupable avéré, y confesse publiquement des fautes, véritables ou imaginaires, afin d'obtenir une rémission du pouvoir qui montre ainsi sa grandeur, sa magnanimité, mais aussi sa rigueur, sa force, sa résolution, donc sa puissance, c'est-à-dire sa toute-puissance. La confession débouche sur une absolution ou sur une damnation, mais l'absolution ne présume pas qu'il n'y aura pas damnation quelque temps plus tard ! Il s'agit d'humilier, d'abaisser, de rabaisser, d'avilir, afin de montrer publiquement qui a le pouvoir de vie et de mort sur les sujets. Le Tribunal révolutionnaire de 1793 est la matrice du caractère injuste de cette justice révolutionnaire.

Z : Le chant *Bêtes d'Angleterre* remplacé par un nouvel hymne composé par le poète Minimus, rappelle que *L'Internationale*, qui fut le chant révolutionnaire de la Révolution russe de 1917, a laissé place à l'*Hymne national de l'Union des républiques socialistes et soviétiques* le 15 mars 1944 après que les purges de la Grande Terreur des années 30 eurent prétendument débarrassé le pays de ses supposés ennemis intérieurs et que la victoire de Stalingrad eut également supprimé ses ennemis extérieurs – le fascisme, le national-socialisme et le capitalisme.

Ce que dit La Ferme des animaux

A′ : Le culte de la personnalité est une signature du régime autoritaire. Le pouvoir dispose de poètes de cour, d'artistes à sa main, d'intellectuels stipendiés, de musiciens aux ordres, de journalistes vendus, bien sûr. Ils ont pour mission de célébrer le nom, le visage, la figure du dictateur afin de le rendre présent partout dans la vie quotidienne. On ne peut échapper à son image, elle menace, elle tient sous le regard. Photos, films, revues, journaux, peintures, romans, poèmes, symphonies, images, romans, opéras, livres, sculptures, bâtiments, tout doit raconter la geste fabuleuse de l'idéologie via celui qui est censé l'incarner. Cet art officiel, c'est le réalisme socialiste : il s'adresse simplement aux gens simples afin de toucher le plus grand nombre de personnes. Il va sans dire que l'art nazi offre une variation sur le même thème avec son réalisme national-socialiste. Eisenstein est au cinéma bolchevique ce que Leni Riefenstahl est au cinéma nazi : l'un et l'autre sont deux créateurs de mythes et de légendes par des images fictives qui congédient l'Histoire au profit des fables. Ils remplacent la vérité des faits par la fiction de la propagande. Or, c'est le rôle de tout art dans l'Histoire de proposer un reflet des mythologies sur lesquelles est construite la civilisation.

B′ : En matière de changements d'alliance surprenants, Staline a décroché la palme : c'est ainsi qu'il a commencé par combattre Hitler, le Frederick de *La Ferme des animaux*, avant d'en faire son allié par le pacte germano-soviétique qui, lors de la Deuxième Guerre mondiale, a lié les bolcheviks et les nazis, les marxistes-léninistes et les nationaux-socialistes pendant presque deux ans, entre le 23 août 1939 et le 22 juin 1941. Ce pacte a été signé par Molotov, Ribbentrop et Hitler lui-même... Le Parti communiste français a suivi cette ligne collaborationniste tout le temps qu'a duré ce pacte, il n'est entré dans la Résistance qu'après qu'Hitler l'eut dénoncé unilatéralement en faisant entrer son armée en URSS le 22 juin 1941. Les quelques résistants communistes d'avant la fin du pacte ont agi contre leur parti et en lui désobéissant. Cette mythologie communiste d'un grand parti de résistants fait toujours la loi, bien au-delà des communistes encartés. Ce grand non-dit de l'histoire de France est à l'origine de nombre de pathologies françaises.

Quand Napoléon-Staline comprend que Frederick-Hitler l'a payé en monnaie de singe avec un pacte qu'il a déchiré, son ami de la veille devient son plus farouche ennemi. Avec la bataille du Moulin à vent, Orwell raconte la bataille de Stalingrad...

C´ : Avec le retour en grâce du corbeau Moïse, Orwell aborde la relation entre les religieux chrétiens orthodoxes et le stalinisme qui n'a pas été celle que la doctrine marxiste laisse entendre. Si, pour Marx, la religion est, selon une formule devenue fameuse, l'« opium du peuple », dans la Russie bolchevique il y eut plusieurs moments. D'abord, des églises ont été détruites et réaffectées à des activités païennes – une piscine municipale par exemple –, les prêtres ont été persécutés, les séminaires fermés, des musées de l'athéisme ont été ouverts. Mais pendant la guerre, Staline a utilisé la religion comme ciment national. Elle est donc revenue en odeur de sainteté bolchevique tant qu'elle a permis de souder le peuple. En 1943, Staline autorise l'élection d'un patriarche à Moscou. En contrepartie, le dictateur exige une collaboration de l'Église au régime, ce qui sera le cas.

Sous couvert de fable, Orwell fait le tour du marxisme-léninisme incarné dans le totalitarisme soviétique : le discours théorique et généreux de Marx ; l'exposition du projet révolutionnaire ; le rêve d'une société meilleure ; les révoltes qui préparent la Révolution ; leur répression féroce par les tenants du pouvoir associés aux intérêts contre-révolutionnaires des propriétaires ; l'écriture d'un chant révolutionnaire ; la mort du prophète et l'incarnation de ses idées dans un groupe de révolutionnaires ; la construction d'un système théorique ; le compagnonnage entre la religion et le pouvoir ; la Révolution qui réalise l'éviction du pouvoir en place puis l'expropriation ; la récupération de la Révolution par un seul homme ; l'instauration d'un catéchisme revolutionnaire avec ses dogmes et ses commandements ; la

collusion des intellectuels et du pouvoir, leur improductivité
économique et la production d'éléments de langage à l'usage de la dictature ; les masses abruties et faciles à conduire par ces discours ; l'ouvrier stakhanoviste bas du front et emblématique de la jouissance dans la servitude volontaire ; l'existence de parasites ; l'activation d'une symbolique révolutionnaire – chants, hymnes, drapeaux, symboles ; la construction d'une dictature du prolétariat ; la constitution d'une police politique ; l'élection d'un ennemi comme bouc émissaire de toute négativité ; l'usage de la dialectique afin de démontrer que ce qui est n'est pas et que ce qui n'est pas est ; l'internationalisation de la Révolution ; les discours contre-révolutionnaires induits ; les modalités schématiques du discours révolutionnaire ; les alliances et leur renversement du type pacte germano-soviétique ; les guerres révolutionnaires et contre-révolutionnaires ; les défections et la dissidence ; le productivisme et l'industrialisation forcenée ; la robotique et la mécanisation révolutionnaire ; l'abandon des soviets au profit du pouvoir personnel ; le culte des reliques ; le mécanisme des mensonges d'État ; la pénurie des denrées alimentaires et de premier usage ; le renoncement à l'économie marxiste-léniniste au profit d'une Nouvelle Économie politique capitaliste ; la réécriture du passé ; l'existence d'un ministère de la Propagande ; la construction d'un mythe de l'effica-

cité de la Révolution exporté à l'international; le recours à l'autocritique dans des procès révolutionnaires, l'usage de la confession; l'extermination physique des opposants; le gouvernement par la terreur; le soutien intérieur de communistes critiques; le culte de la personnalité; la constitution d'une oligarchie, la *nomenklatura*; la collaboration de la religion; mais aussi, la possibilité, malgré tout, qu'existe encore un intellectuel critique – une figure incarnée par un âne, autrement dit : un animal qu'on n'attelle pas, le porte-parole d'Orwell bien sûr.

La thèse de cette fable dense est simple : la Révolution est un changement qui se propose après moult dégâts de revenir au point de départ, en pire : les exploités d'hier une fois parvenus au pouvoir deviennent les exploiteurs du jour en imposant un ordre pire que celui qui a été aboli. Chez Jones le Capitaliste ce n'était probablement pas rose tous les jours, mais avec Napoléon le Marxiste-Léniniste, c'était noir et outre-noir chaque seconde de chaque jour.

La conclusion de cette fable est que ce sont toujours les petits, les sans-grade, qui font les frais des révolutions. Ce sont les pauvres qui triment et souffrent, ne mangent pas à leur faim et sont privés de tout, subissent la terreur et les exterminations, sont exploités et insultés, méprisés et abrutis, dominés et exploités. La promesse d'un monde meilleur demain va de pair avec la certitude d'un monde immonde ici et maintenant.

La dynamique historique de la Révolution suivie par Orwell permet une véritable théorie de la Révolution : premièrement, *la beauté de la Révolution* avec la promesse de bonheur, d'égalité, de justice pour tous, les déclarations de bonnes intentions, le désir de construire un paradis sur terre, la perspective de l'abondance et de la prospérité, la fin de la négativité et des contradictions, la réalisation de l'harmonie sociale – c'est le temps du rêve et des projets, des plans sur la comète et de l'utopie ; deuxièmement, *le devenir idéologique de la Révolution* : la construction des programmes, la rédaction de maximes, la formulation d'impératifs, de règles et de slogans, la proposition d'un programme – c'est le temps de l'assemblée et de la réunion, des débats et des discussions, des constituantes et des soviets ; troisièmement, *la confiscation de la Révolution* : les révolutionnaires deviennent des professionnels de la Révolution et travaillent à l'éviction du peuple et de la démocratie directe au profit de représentants, eux, qui constituent une aristocratie, une oligarchie – c'est le temps de la transformation du projet de dictature *du* prolétariat en réalité de la dictature *sur* le prolétariat; quatrièmement, *le devenir réactionnaire de la Révolution* : ce qui se proposait à l'origine comme une rupture, un changement, réactive les schémas anciens de sorte que l'exploitation, la dialectique de la domination et la servitude reprennent du service, c'est le temps des profiteurs de la Révolution, des agioteurs et des accapareurs, des nouveaux riches et des arrivistes, c'est le temps de l'émergence d'une nouvelle bourgeoisie de parvenus qui, loin de servir la Révolution, se sert d'elle ; cinquièmement, *l'instauration de la dictature révolutionnaire* : c'est l'avènement du tribunal révolutionnaire et de son corrélat, la terreur qui s'accompagne du pouvoir personnel, donc du culte de la personnalité – c'est le temps du sang et son cortège de guillotines, de fusillades, de déportations, de camps, d'interrogatoires policiers ; sixièmement, *le figement de la Révolution en réaction* : la société révolutionnaire a recréé les tares du régime capitaliste : les inégalités sociales avec l'exploitation d'une classe d'esclaves par une classe de dominants, la lutte des classes entre ceux qui possèdent les moyens de répression et ceux sur lesquels ils s'exercent, la paupérisation qui suppose l'enrichissement d'une *nomenklatura* et l'appauvrissement du prolétariat – c'est le temps de la désillusion. La situation est prête pour une nouvelle Révolution – qui est contre-révolutionnaire...

Quelle leçon faut-il retenir de cette fable ? Que la Révolution est comme Saturne : elle mange ses enfants ; qu'elle promet ce qu'elle ne tient pas : du bonheur et de la paix, de la prospérité et de la fraternité ; qu'elle donne même le contraire de ce qu'elle a annoncé : le malheur et la guerre, la misère, la famine et la guerre de tous contre tous ; que le réel donne tort à l'utopie dans les grandes lignes et dans le détail, mais que les révolutionnaires préfèrent un mensonge de leur camp à une vérité du camp d'en face ; que l'enthousiasme du départ se transforme en désespérance à l'arrivée ; qu'elle multiplie les mensonges, la propagande, les mystifications, les légendes, afin de faire croire que le réel n'a pas lieu mais qu'à la place le rêve se réalise, même si tout prouve le contraire ; qu'il faut compter avec la nature humaine, car l'homme n'est pas naturellement bon, ça n'est pas la société qui le corrompt, il ne suffit pas de changer la société pour recouvrer l'homme naturellement bon, car l'homme est un loup pour l'homme et s'il était bon il n'y aurait aucune raison pour que le mal sorte de ses choix, de ses volontés et de ses actes.

Faut-il alors faire son deuil de tout idéal ? Doit-on consentir au pire parce qu'il serait inévitable, inéluctable ? S'agit-il de se faire une raison en devenant pessimiste et misanthrope, défaitiste et ennemi du genre humain ? Nulle part Orwell ne dit quoi que ce soit qui ressemble à cela. Sa vie le prouve, et son combat contre le totalitarisme en est l'illustration, il a été véritablement un homme de gauche.

La gauche d'Orwell est une gauche tragique et libertaire. Il n'envisage aucune société radieuse avec des lendemains heureux. Les *hommes de pouvoir* que sont les révolutionnaires professionnels, avec leurs intellectuels et leurs poètes, sont des porcs ou des truies, des verrats ou des gorets, des chiens aussi ; les *hommes de religion* qui font le jeu du pouvoir en vendant leurs fariboles sont des corbeaux ; les *hommes du commun* sont des moutons qui bêlent et agissent de façon grégaire, ce sont aussi des poules qui pondent, des vaches qui ruminent, des pigeons qui fientent et portent des messages sans se soucier de leurs contenus ; les *hommes laborieux* sont des chevaux de trait, pas bien méchants, mais tout juste bons à obéir aveuglément et à travailler obstinément ; de même avec les *femmes futiles*, elles aussi des chevaux de trait, tout aussi sottes et disciplinées que leurs compagnons d'infortune, mais fascinées par tout ce qui brille, les rubans et les colifichets, les jupes en soie et les bijoux scintillants.

Et puis, et puis : il y a également l'âne Benjamin... Il est Orwell en majesté, bien sûr. Que sait-on de Benjamin ? Il « était le plus vieil animal de la ferme et le plus acariâtre. Peu expansif, quand il s'exprimait c'était en général par boutades cyniques. Il déclarait, par exemple, que Dieu lui avait bien donné une queue pour chasser les mouches, mais qu'il aurait beaucoup préféré n'avoir ni queue ni mouches. De tous les animaux de la ferme, il était le seul à ne jamais rire. Quand on lui demandait pourquoi, il disait qu'il n'y avait pas de quoi rire[8] ». Il est l'ami de Malabar, brave bougre pas bien fin mais valeureux, courageux, dur à la tâche, dévoué et fidèle.

Benjamin sait lire, au contraire de tous les autres qui sont incultes et qui ne parviennent pas à apprendre à lire, donc à écrire, donc à penser... C'est lui qui, après avoir lu «équarrissage» sur le fourgon qui vient chercher Malabar en fin de vie, comprend que le gros porc Napoléon, le dictateur marxiste-léniniste, va faire abattre ce cheval de trait dévoué à sa cause et abusé. C'est lui qui invite les animaux de la Ferme à se révolter contre le programme des révolutionnaires : envoyer à la mort quiconque n'est pas ou plus utile à la Révolution. Il fait son travail : il voit ce qui a lieu, pense ce qu'il y a à penser, sait ce qu'il en est des gens et des choses, de la nature humaine et du cours de l'histoire, de la vie comme elle est et comme elle va, et qui ne se formalise pas plus que cela : il est aux deux sens du terme *philosophe*. Il est le seul à sauver la mise dans un monde de chiens et de porcs, de moutons et de chèvres, de pigeons et de corbeaux. On ne l'attelle pas, il est rétif au brabant et au joug. L'âne sauve l'humanité.

Conclusion
Le progressisme nihiliste
Que le mal peut aussi progresser

Qui disconviendra aujourd'hui que le portrait du totalitarisme brossé par Orwell fait songer peu ou prou à une peinture de notre époque? La liberté y est en effet mal portée, la langue est attaquée, la vérité abolie, l'histoire instrumentalisée, la nature effacée, la haine encouragée et l'Empire est en marche.

Ce qui nous est présenté comme un progrès est une marche vers le nihilisme, une avancée vers le néant, un mouvement vers la destruction. Car, de la même manière qu'on peut parler d'un progrès du cancer ou d'une autre maladie qui conduirait inexorablement à la mort, le culte actuellement voué au progrès du simple fait qu'il est progrès par ceux-là même qui, de ce fait, se disent progressistes, ressemble à une génuflexion devant l'abîme avant le moment suivant qui consiste à s'y précipiter – comme les moutons de Panurge dans les flots... Le progrès est devenu un fétiche et le progressisme la religion d'une époque sans sacré, l'espérance d'un temps désespéré, la croyance d'une civilisation sans foi. On peut ne pas souscrire à cette religion nouvelle et lui préférer l'athéisme social tragique qui ne s'agenouille devant aucune transcendance. Ce refus de la foi qui sécurise constitue le libertaire.

1

Première thèse : *la liberté est rétrécie comme peau de chagrin.* Nous sommes dans une société surveillée où la parole, la présence, l'expression, la pensée, les idées, le déplacement sont traçables et repérables. De sorte que toutes les informations engrangées permettent l'instruction d'un dossier à destination du tribunal de la pensée.

Nous sommes archivés : par notre téléphone portable, qui est l'instrument nomade suprême de la servitude volontaire ; par notre ordinateur, qui est une variation connectée du premier instrument ; par les caméras de surveillance partout présentes, dans la rue, dans les parkings, dans les magasins, dans les immeubles, dans les dispositifs de filtrage, genre digicodes à caméra, aux entrées des domiciles ; par la domotique connectée, du type Alexa, qui installe ses micros dans les domiciles avec lesquels tout peut être entendu ; par le bornage de ces instruments nomades ; par les montres digitales elles aussi connectées qui auscultent les corps, les taux de sucre, de graisse, les battements cardiaques, les habitudes sportives, le sommeil, le nombre d'étages gravis, les comportements alimentaires; par le suivi des usages de cartes à puce, de la carte bleue à la carte vitale, en passant par les cartes fidélité des commerçants; par les radars et les caméras installés sur le réseau routier; par les boîtiers d'audimat; par les instituts de sondages; par les plates-formes de téléphonie; par les réseaux sociaux, plaie des plaies, dispositif d'exposition de soi dans tous les sens – on y exhibe en effet sans retenue ses achats de nourriture, la cuisine de cette nourriture, l'ingestion de cette nourriture, l'excrétion de cette nourriture, on y montre sans honte son corps, tatoué, bronzé, obèse, musclé, ridé, coiffé, rasé, bodybuildé, maquillé, habillé, dénudé, enceint, malade, blessé, on y expose sans pudeur ses avis, ses jugements, ses commentaires, ses réflexions, ses insultes, sa dilection, sa haine, on y met en plein jour sans forcément demander leur avis à ceux qu'on a croisés ici, là, ailleurs, dans un cadre privé ou intime, la trace ou la preuve de cette rencontre, on s'y exprime sur l'art contemporain, même si l'on ignore jusqu'au nom de Marcel Duchamp, sur la politique, même si l'on méconnaît le patronyme du premier ministre, sur la religion, même si l'on n'a jamais ouvert le Talmud, la Bible ou le Coran, sur la cuisine d'un restaurant dans lequel on n'a jamais mis les pieds, sur un film qu'on n'a pas vu, un livre qu'on n'a pas lu, un pays qu'on n'a pas visité, un concert auquel on ne s'est pas rendu, sur la pensée d'un auteur dont on n'a lu aucun livre ; on y livre des photos, des selfies, des films de sa sexualité, solitaire, à deux ou à plusieurs, sinon avec son canari, on y multiplie les photos de ses animaux domestiques, chiens et chats, pythons et rats, poissons rouges et lapin angora, rien n'échappe à cette mise en images de soi par soi pour les autres.

Cette surveillance est la plus aboutie qui soit, car aucun régime totalitaire n'aurait pu espérer mieux qu'un sujet qui, narcissisme et égotisme obligent, se fait l'indicateur de lui-même avec jubilation, satisfaction, ravissement et allégresse ! Térence avait théorisé l'Heautontimoroumenos dans une pièce homonyme, Baudelaire en avait fait un poème sublime, l'individu postmoderne l'incarne : bourreau et victime de lui même, marteau et enclume de soi, plaie et couteau de sa propre chair, soufflet et joue de lui, membres et roue, cette logique atteint son raffinement avec l'avènement de l'informatique et de la connectique.

Toutes ces informations se trouvent agglutinées dans un nuage, le fameux i-cloud qui a remplacé les anges du ciel vide du Dieu judéo-chrétien. C'est le coffre-fort dans lequel nous plaçons le larcin que nous commettons nous-mêmes de nos propres biens afin de l'offrir à nos voleurs. Nous nous cambriolons sans cesse au profit de qui nous dépouille pour mieux nous exploiter – à savoir le monde des GAFA, Google, Apple, Facebook, Amazon. Qui d'entre nous n'a jamais fourni une seule donnée à ce Béhémoth qui surclasse tous les Léviathan totalitaires?

Or, ce monde des GAFA ne cache pas son projet : réaliser le posthumain, dépasser l'homme, en finir avec cette vieille lune. Ce qui induit également l'abolition des civilisations et du Divers cher à Segalen, au profit d'un monde Un, uni, unifié. Les GAFA revendiquent une idéologie activée par une élite disposant d'un argent sans limites, donc du pouvoir absolu. Chaque clic planétaire est une pièce d'or dans leur escarcelle. Ils attirent à eux les scientifiques, les chercheurs, les ingénieurs, les informaticiens, les biologistes, les chirurgiens, les cogniticiens, les programmeurs, les cybernéticiens, les astrophysiciens, les neurologues, les philosophes, les sociologues, afin de réaliser une chimère associant le corps biologique et la chair numérique.

Ce capital de soi dormant constitue une banque de donnée gigantesque. La mise au point d'un ordinateur quantique permettra le jour venu le traitement de milliards d'informations dans le nouvel espace infime des nanosecondes. Cette vitesse fulgurante débouchera sur une authentique révolution. Bergson définissait le rire comme le résultat d'un placage du mécanique sur du vivant, il ne pouvait imaginer que cette collision intellectuelle deviendrait le projet du posthumain.

Ces archives sont des briques ontologiques avec lesquelles peuvent se constituer des êtres nouveaux.

Dès à présent, on imagine des greffes de tête sur des corps acéphales, mais aussi des greffes de cerveau dans des têtes, voire dans des corps de donneurs. Des pontages neuronaux permettraient la viabilité de ces chimères.

Ce même cerveau peut être informé de façon artificielle. Des expériences en laboratoire permettent de donner à des souris le souvenir d'événements qu'elles n'ont pas vécus. Cette maîtrise de la mémoire que je dirai négative, la mémoire de ce qui n'a pas été vécu, s'accompagne bien sûr d'une maîtrise de la mémoire positive, celle des choses vécues. Si l'on peut donner à un mammifère la souvenance du non-vécu, on peut tout aussi bien effacer sa souvenance du vécu. Ce cerveau plastique est donc une cire vierge sur laquelle on peut imprimer ou supprimer ce que l'on souhaite.

C'est à ce moment que les archives numérisées de ce que nous fûmes réapparaissent prélevées dans le nuage : nos conversations, leurs contenus, nos jugements, leurs mécanismes, nos préférences, nos goûts et dégoûts, le grain de nos voix, l'inflexion et le débit de notre parole, notre vitesse réactive, nos tics de langage et de pensée, tout ceci constitue une mémoire de ce qui a été vécu et qui peut être tout aussi bien engrammée dans un encéphale de substitution ou effacé d'icelui. Jamais contrôle d'un être n'aura été plus abouti – *avec sa complicité...*

Théoriquement on peut échapper au contrôle numérique : il suffit pour ce faire de ne pas s'équiper en matériel de contrôle ! Ni téléphone portable, ni ordinateur, ni carte à puce. Mais qui le peut pratiquement ? Car, depuis des décennies, sur prescriptions étatiques, administratives et sur admonestations sociétales, ces instruments sont devenus obligatoires pour accomplir la plupart des activités indispensables : communiquer, acheter, vendre, se déplacer, se nourrir, se vêtir, manger, dormir, se soigner, s'informer, déclarer ses revenus et payer ses impôts... On peut économiser une inscription sur les réseaux sociaux, mais qui peut voyager en train ou en avion, se déplacer en taxi, payer un repas ou de la nourriture dans un restaurant, dans un magasin, aller chez le médecin, puis le pharmacien, se faire hospitaliser sans avoir au préalable activé ses cartes policières ? Personne.

Cette entreprise de contrôle généralisé n'a évidemment pas été présentée comme telle, pareil cynisme aurait été contre-productif et générateur de résistances, mais comme un signe de progrès, donc de progressisme, une preuve de modernité, donc de modernisme. Quiconque résistait se trouvait alors stigmatisé comme dépassé, vieux jeu, rétrograde, conservateur, réactionnaire. Or, qui voudrait passer pour un arriéré? Sinon pour un ennemi du genre humain...

Quand des chercheurs travaillent à créer des souvenirs de choses non vécues chez des animaux, bien sûr qu'ils ne vont pas avouer qu'ils travaillent à l'avènement du posthumain. Ils présentent cette entreprise sous de belles et franches couleurs humanistes et généreuses, bienveillantes et philanthropiques : ils cherchent à régler le problème de la maladie d'Alzheimer, ils veulent éradiquer la maladie de Parkinson, ils entendent améliorer la qualité de vie des vieux et des très vieux que chacun de nous sera, ils pensent à nos anciens, à nos parents, à nos grands-parents et à nous plus tard... Rien que de très louable !

Mais qui décidera de ceux qui bénéficieront de ces augmentations d'être? Selon quels critères? Qui profitera des dons d'organes? Qui sera transformé en banque de ces organes à prélever, à conserver, à augmenter, à distribuer? Qui sera le receveur et qui le donneur? Qui dirigera ce projet? Et au nom de quels idéaux? Pour quels profits? Qui paiera?

Le devenir peau de chagrin de la liberté s'accompagne d'un devenir peau de chagrin de l'égalité et de la fraternité. Chacun le voit bien. Dans une société comme celle qu'on nous prépare et dont on vit les premiers temps, le projet est clairement élitiste, élitaire, aristocratique, autrement dit fondamentalement opposé à la démocratie et à la république – la chose publique.

Jamais aucune société, sauf peut-être celle des tribus primitives, n'a connu pareille organisation pyramidale. C'est dire combien ce progrès est un regrès, ce progressisme une régression. On trouvera à son sommet une petite poignée de privilégiés qui bénéficieront de ce posthumanisme pendant qu'à la base une multitude subira cette loi. Cette nouvelle paupérisation transformera ces nouveaux esclaves, ces nouveaux plébéiens, ces nouveaux serfs, ces nouveaux prolétaires, en un immense réservoir de pièces de rechange ontologiques. L'intelligence collective sera confisquée par une meute disposant des pleins pouvoirs.

Nous nous dirigeons vers une société égyptienne avec une élite de scribes qui saura lire, écrire, compter et qui fonctionnera de concert avec la caste des prêtres qui elle-même sera au service de nouveaux pharaons dont la religion païenne aura pour dieu le posthumain et pour culte le transhumanisme. D'où l'intérêt de détruire la langue pour en réserver la connaissance et l'usage à une élite.

2

Deuxième thèse : *la langue est attaquée*. Le début de la fin eut lieu quand, à l'école, au cœur nucléaire du sanctuaire de l'apprentissage de la langue, il fut question de détruire une méthode de lecture ayant fait ses preuves depuis des générations au profit de nouvelles méthodes qui réjouissaient de prétendus experts en une prétendue science de l'éducation, mais au détriment des élèves devenus des apprenants.

Cette abolition d'une méthode efficace au profit d'une autre qui, clairement, ne l'était pas, s'est accompagnée d'une destruction de ce qui permet à un cerveau de se structurer comme un organe capable de lire, d'écrire, de compter, de penser, donc de juger, de comprendre, de saisir : abolition du par cœur, qui générait une efficience de la mémoire, quel que soit ce sur quoi elle fonctionne – plus de poésie par cœur en littérature, plus de tables de multiplication par cœur en mathématiques, plus de dates par cœur en histoire, plus d'informations par cœur en géographie ; suppression de l'analyse logique avec laquelle on comprenait le fonctionnement interne d'une phrase, ses mécanismes, sa construction, sa logique donc ; abandon de la dictée par laquelle s'effectuait l'apprentissage de l'orthographe ; liquidation de la grammaire qui manifeste le génie de la langue et surtout ses subtilités ; élimination de l'apprentissage de l'écriture graphique qui était logique subtile de la main au profit d'une initiation au clavier qui est logique sommaire du clic.

À quoi s'ajoute : la fascisation de la langue selon le principe édicté par Barthes lors de sa leçon au

Collège de France, sottise qui génère dans la foulée sa politisation avec des polémiques stériles sur les usages du masculin et du féminin, sur la féminisation des professions, sur l'écriture inclusive, sur la réforme de l'orthographe, sur l'apprentissage des langues étrangères alors même que la langue mère se trouve piétinée, sur la réécriture des classiques dans la langue du politiquement correct, sur la réduction des chefs-d'œuvre de la littérature à des versions allégées, édulcorées, transformées.

Pendant ce temps, la prolifération d'une littérature dite «de jeunesse» part du principe que le livre n'est pas un instrument pour devenir adulte et accéder à leur monde intellectuel, spirituel et culturel, mais une occasion de propagande du catéchisme postmoderne – initiation à la beauté sociétale des familles recomposées, des couples homosexuels, du triage des déchets, de la sauvegarde de la planète, de la procréation médicalement assistée, du réchauffement de la planète, de la consommation écoresponsable, de la nourriture bio et non carnée, des vertus des énergies renouvelables, des voitures électriques, même si elles fonctionnent à l'énergie nucléaire... Il s'agit de fabriquer des adultes vides et plats, creux et stériles, compatibles avec le projet posthumain.

L'époque est finie où un enfant du primaire apprenait à lire, écrire, penser, avec des textes de

Lamartine et La Fontaine, Hugo et George Sand, Maupassant et Chateaubriand – j'ai sous les yeux le manuel avec lequel mon père, né en 1921, a été scolarisé dans l'école de la République, je me contente de prélever dans la table des matières...

Notre époque qui se veut en pointe du progrès réécrit les volumes publiés dans la série *Le Club des cinq* pour remplacer le passé simple par le présent, pour appauvrir le vocabulaire, pour raccourcir les descriptions, voire pour les faire franchement disparaître. Les «nous» se trouvent transformés en «on». Le volume intitulé *Le Club des cinq et les saltimbanques* a été rebaptisé à l'eau bénite du politiquement correct, ce qui donne : *Le Club des cinq et le cirque de l'Étoile.* Dans la nouvelle version la jeune fille qui pleurait ne pleure plus, elle faisait la cuisine elle ne la fait plus, les forains qui se méfiaient de la police ne s'en méfient plus, le petit garçon qui était battu par son oncle ne l'est plus, la vieille foraine qui récupère ses singes enfuis en parlant comme une sorcière ne grommelle plus, d'ailleurs le mot «grommeler» a franchement disparu, trop compliqué ; ce qui était : «Nous resterons ici aussi longtemps qu'il nous plaira» devient : «On restera ici aussi longtemps qu'on voudra», l'oncle qui prévoit un cambriolage ne le prévoit plus, l'information selon laquelle l'enfant a été élevé pour de l'argent passe à la trappe, comme toute autre qui montrerait que la vie n'est pas un long fleuve tranquille ou toute autre indication qui renseignerait sur la vérité de la nature humaine. Bien évidemment, dans ce récit réécrit, les enfants disposent d'un téléphone portable – voilà comment on éduque au plus tôt à la servitude volontaire...

En même temps que des pages sont coupées, il faut bien évincer ce qui n'entre pas dans le champ sociétal à la mode, les éditeurs augmentent la part des dessins dans le livre. Moins de mots, des mots moins riches, moins de phrases, des phrases de plus en plus pauvres, moins de sens, des sens de plus en plus idéologiquement orientés, moins de variétés narratives et des récits pauvres en monde, voilà le catéchisme du progressisme.

Avec ce régime décérébral, les statistiques sur la lecture sont évidemment devenues affligeantes : il existe de plus en plus d'illettrés, y compris dans l'enseignement supérieur, de moins en moins de lecteurs, y compris chez les professeurs et leurs étudiants, le grand public cultivé a disparu, il n'a pas été remplacé par une autre catégorie, la capacité à lire des textes complexes s'est effondrée. Quand les métiers du livre donnent leurs chiffres, afin qu'ils semblent bons, ils parlent du livre en général, mais intègrent dans cette catégorie le manga et la bande dessinée, le livre de développement personnel et les livres pratiques – recettes de cuisine et bricolage, puériculture et loisirs créatifs, tutoriels et régimes alimentaires... Quand on a mis de côté les livres publiés par des *people* sous leur nom – acteurs et comédiens, politiciens et sportifs, gens de médias et vedettes des faits divers, mais écrits par autrui –, le livre digne de ce nom se porte très mal...

Nul besoin, comme chez saint Paul ou Savonarole dans la réalité, George Orwell ou Ray Bradbury dans la fiction, Hitler ou Lénine dans leurs dictatures, de brûler les livres : il suffit juste de rendre impossible le lecteur.

Dans les années 70, Barthes et Foucault avaient pourtant enseigné avec une gourmandise non feinte la mort de l'auteur – sans aller jusqu'à refuser les droits d'auteur qu'on leur versait pour ce genre d'ouvrages juteux... L'*intelligentsia* trouvait la chose géniale. C'était une coquetterie d'auteur et une concession faite à la démagogie du temps en vertu de laquelle l'auteur était un furoncle et le lecteur une divinité : Proust, un sous-homme, le lecteur de la *Recherche du temps perdu*, un démiurge créateur de l'œuvre par sa lecture... Sauf que, pour ces deux-là, les droits d'auteur n'étaient pas affectés au lecteur démiurge, mais à l'auteur furoncle... Cherchez l'erreur! Une ristourne consentie sur le prix de vente du livre au détriment de l'auteur rendu caduc et en faveur du lecteur tout-puissant aurait été la preuve que les auteurs croyaient à la vérité de leur fiction. Mais, de ristourne, il n'y eut pas...

Cette haine du livre, de la chose écrite, de l'auteur, de l'orthographe, du style*, de la grammaire, de la syntaxe, des chefs-d'œuvre, de la littérature, des classiques, du vocabulaire, a permis de fabriquer à la chaîne des incultes et des illettrés, des analphabètes et des demeurés. Qu'il est bon d'aller chercher parmi ces militants de l'inculture des pédagogues pour les enfants d'aujourd'hui, donc pour les adultes de demain! Quoi de mieux en effet que la carrière d'un seul crétin dans l'éducation nationale pour fabriquer une, deux ou trois générations de crétins?

Cette haine du texte, de la page, de la feuille, du livre, du papier, se double d'une vénération pour la parole, l'oralité, le verbe, le mot, la chose dite – signe de régression car c'est d'elle que nous venons. L'oralité avait ses vertus, mais nous n'en retenons que les vices. Les vertus? la mémoire, la mnémotechnie, la fidélité, la transmission, la tradition, le lignage. Dans *Les Immémoriaux*, Segalen date le commencement de la fin d'une civilisation

---

* Je me souviens qu'au début des années 90 Michel Polac, grand accélérateur de nihilisme devant Dieu qui n'existe pas, me reprochait sur France Inter, grand média décadentiste, des livres «trop écrits». Je n'ai jamais su ce que pouvait bien signifier ce reproche, sauf à célébrer les livres pas écrits du tout... Il est vrai que cet homme jugeait aussi d'une façon très péremptoire de la qualité des traductions dans toutes les langues et qu'il devait donc lire dans le texte le finnois et le serbo-croate, le coréen et le chinois, le japonais et le turc, le portugais et l'islandais, ainsi qu'un grand nombre d'autres langues, le hongrois et le wolof compris, afin de pouvoir juger honnêtement de ce que, bien sûr, il lisait en comparant l'original et sa traduction.

à son incapacité à réciter les généalogies sans se tromper. La mort du par cœur indique la mort de la civilisation. Il y a bien longtemps que notre civilisation ne sait plus réciter ses généalogies par cœur, ni même aidée par quelque support que ce soit... Sans passé possible, le futur s'avère impensable, le présent n'est donc plus possible. De ce fait, la vérité disparaît.

3

Troisième thèse : *la vérité est abolie.* De la même manière que le structuralisme parisien, en affirmant qu'il existe des structures nouménales toutes puissantes mais invisibles autrement que par l'usage d'une intelligence affinée à Saint-Germain-des-Prés, légitime intellectuellement la fin de la méthode syllabique et l'avènement de la méthode globale, en même temps qu'il abolit l'analyse logique au profit de la grammaire dite «générative», merci Noam Chomsky, il décrète comme nouvelle et indépassable vérité qu'il n'y a plus de vérité, mais seulement des perspectives. Et gare à qui refuserait cette nouvelle vérité qu'il n'y aurait plus de vérité.

Nietzsche a hélas été embringué dans cette sottise parce qu'il a fait savoir qu'une chose était envisageable selon son angle et que la vérité de cette chose était la somme de ses angles d'attaque.

Disons-le d'une façon visuelle : une statue de Michel-Ange est envisageable par sa droite et par sa gauche, par son trois quarts droit et par son trois quarts gauche, par sa face et par son dos, par le haut et par le bas, ou par tout autre point de vue. Mais Nietzsche n'en a pas pour autant décrété que la vérité de la statue s'en trouvait abolie! Il affirme que l'œuvre n'est pas vraie par un unique point de vue mais par la somme de ses points de vue. Il ne dit jamais qu'elle n'est pas du tout vraie. Voire qu'il est ontologiquement impossible qu'elle ait jamais été vraie! À partir du relativisme généalogique nietzschéen la caste déconstructionniste a déduit un nihilisme qui devenait... vérité!

Ce nihilisme de la vérité permet de faire table rase de toute certitude. Si rien n'est vrai, alors pourquoi la terre ne serait-elle pas plate? Pourquoi le soleil ne tournerait-il pas autour d'elle? Pourquoi Dieu n'aurait-il pas créé le monde d'un seul coup d'un seul? Pourquoi les vaccins seraient-ils efficaces? Pourquoi l'homéopathie ne soignerait-elle pas même si ses granules ne contiennent aucune autre substance chimique que celle de l'excipient? Allons plus loin : qu'est-ce qui nous prouve que les chambres à gaz ont existé? Qu'Anne Frank a écrit son journal? Que le 11-Septembre n'a pas été un coup monté par les États-Unis? Que Ben Laden, ou Michael Jackson, sont vraiment morts? Voire qu'Hitler n'est pas mort en Argentine après avoir quitté l'Allemagne en ruines dans un sous-marin?

À la façon de l'apprenti sorcier, le déconstructionnisme qui génère la pensée d'après-Mai 68 lâche dans la nature des chimères qui prolifèrent. S'il n'y a plus de vérité, mais seulement des perspectives, alors tout devient possible. Pourquoi dès lors s'en priver? Quiconque sera incapable de me prouver que les chambres à gaz ont existé fera *de facto* la démonstration qu'elles n'ont pas existé! Et comment prouver que le réel n'a pas eu lieu quand l'époque met son point d'honneur à enseigner pareille sottise parce qu'elle a estimé que la philosophie était un jeu d'enfant gâté qui n'engageait à rien?

Quand la mort de la vérité est annoncée, le mensonge dispose d'un boulevard. Merci Foucault, merci Deleuze. La généralisation des réseaux sociaux a offert une visibilité maximale au mensonge, à l'approximation, à la contre-vérité, à la propagande, à la mystification, à la légende, aux fables, à l'intoxication. La logique ne fait plus la loi. La raison non plus. Il incombe à celui qui nie le mensonge de faire la démonstration qu'il ne s'agit pas d'un mensonge. À défaut, le mensonge devient vérité.

J'affirme avoir passé la soirée avec une licorne qui m'a fait des confidences sur sa vie sexuelle. Mon interlocuteur doute. Je lui demande de me prouver que mon assertion est fausse, bien qu'*a priori* déraisonnable. Il n'y parvient pas. J'en conclus donc que j'ai raison, qu'il a tort et que, de ce fait, j'ai bien factuellement passé la soirée avec une licorne... Je peux même ajouter qu'en doutant mon interlocuteur m'a manqué de respect, donc qu'il m'a insulté, ce qui appelle et justifie réparation. À défaut, je peux moi-même me faire justice et frapper quiconque aura douté que j'aie passé la soirée avec une licorne... Voilà où nous en sommes dans un pays qui, depuis un demi-siècle, a perdu toute légitimité à pouvoir se dire cartésien...

La confusion est telle que l'information et l'intoxication, selon un couple euphoniquementfabriqué par les médias, s'en trouvent mutuellement contaminées : parler du pacte germano-soviétique, un fait historiquement avéré, suffit à se faire le passeur d'une intox dans la presse communiste ; le financement par la CIA de Jean Monnet pour construire l'Europe est également un fait avéré, mais le souligner devient une intox dans la presse maastrichienne ; montrer le rôle actif de Robespierre dans le génocide vendéen, un autre fait avéré, c'est activer une intox chez les mélenchonistes ; parler des chambres à gaz nazies, un autre fait avéré, c'est une intox chez les négationnistes...

On comprend pourquoi, dans cet ordre d'idées, l'enseignement de l'histoire, bien avant même la philosophie, je me dois de le dire, s'avère proprement révolutionnaire – si tant est qu'il s'agisse

véritablement d'histoire et non pas d'endoctrinement. Car elle dit la vérité sur ce qui fut quand
l'idéologie, relayée par les médias de masse, disent
moins la vérité de ce qui fut que le catéchisme
qu'ils en tirent pour justifier leur propagande.

4

Quatrième thèse : *l'histoire est instrumentalisée.* On
pourrait bêtement imaginer que l'histoire consiste
à enseigner les faits avérés – la Bastille a été prise
le 14 juillet 1789 – en les plaçant dans un contexte
qui les explique : pourquoi? comment? avec qui?
dans quel but? quelles sont les sources? qui sont
les auteurs de ces sources? quels témoignages? de
quelle nature? Directs, indirects, rapportés par
qui? Renvoyer à des sources et procéder à leur
examen critique, voilà ce qui semble le minimum
exigible…

Or, nous n'en sommes plus là. L'histoire ne se
construit plus avec des historiens qui *cherchent à
savoir comment,* en travaillant sur des archives et des
documents, des témoignages et des chroniques,
des livres et des objets, mais qui estiment que la
vérité est déjà construite par d'aucuns et qui
cherchent à retrouver ce que d'autres ont déjà
découvert après l'avoir postulé en amont.

Il est impossible aujourd'hui de travailler
sereinement sur des sujets comme Bernard de

Clairvaux et les Croisades, Robespierre et la Terreur, Pétain et le régime de Vichy, Hitler et la Shoah, Lénine et octobre 1917, mais aussi sur l'islam ou le colonialisme, l'esclavagisme ou la guerre d'Algérie, sinon, plus récemment, sur la généalogie de l'Europe maastrichienne – pour prendre quelques exemples chauds – sans libérer un flot de morale moralisatrice.

La *généalogie* à laquelle Nietzsche invitait, et qui devrait être le fin mot de l'histoire, de l'historien et de ses méthodes, n'a plus lieu d'être. À la place, une autre notion de Nietzsche fait la loi : la *moraline*, autrement dit, un mot qui renvoie à la morale et, par son suffixe, à une substance addictive, toxique et excitante comme les amphétamines, la cocaïne, la nicotine, la caféine, la théine, la théobromine, la codéine. La généalogie, qui est art de chercher, trouver et signaler les sources, laisse place à la moraline, le produit toxique qui contamine ces mêmes sources avec un manichéisme qui oppose le bien et le mal, les bons et les méchants, le vrai et le faux, l'info et l'intox, et ce sur le principe d'une opposition entre le diable et le Bon Dieu.

Le pédagogisme a effacé l'histoire chronologique au profit d'une histoire thématique anhistorique. Plus question de permettre à l'élève de se situer dans le temps, donc dans l'espace, entre un passé qui l'a précédé, un présent dans lequel il se trouve et un futur vers lequel il va. Jadis, une vaste fresque ceinturait les salles de classe dans le sens des aiguilles d'une montre et démarrait de l'homme des cavernes pour arriver à, prenons les références du jour, la présidence d'Emmanuel Macron... Désormais, il faut être anhistorique et cosmopolite : citoyen de la terre, donc du monde. Arrière-petit-fils de Lucy l'Africaine et futur grand-père du sujet transhumain.

Quand il n'y a plus d'histoire, le réel est produit par n'importe qui. *Ce qui est* n'est pas *parce qu'il est* mais *parce qu'il se trouve dit*, montré, exposé. Et, comme la multiplication des supports médiatiques va jusqu'au nombre du premier venu qui décide d'être lui-même un support médiatique, n'importe quoi peut être dit par n'importe qui : en vertu du principe déconstructionniste qu'il n'y aurait plus de vérité mais que des perspectives, autrement dit *que chacun a droit à sa vérité*, alors pourquoi pas celle d'un demeuré puisque rien ne lui interdit de s'autoriser de lui-même en vertu d'un principe d'égalité selon lequel chacun vaudrait chacun – donc qu'Einstein vaut sur le terrain des mathématiques un enfant du cours préparatoire.

L'école n'est-elle pas le lieu où le structuralisme nous invite non pas à apprendre, mais à retrouver en nous les structures qui s'y trouvent déjà magiquement inscrites ? La salle de classe est le lieu où le génie suffit sans qu'on ait besoin d'en appeler à la longue patience de l'apprentissage. À quoi bon apprendre à construire une perspective en dessin en classe puisque, depuis le plus jeune âge, le dessin d'enfant est présenté, à la suite des œuvres de l'art naïf, de l'art des fous, de l'art des schizophrènes, comme la quintessence de la démarche esthétique ? Lire ou relire *Asphyxiante culture* de Dubuffet qui ne fut pas fou au point de distribuer gratuitement ses œuvres d'art à qui passerait par là.

Méconnaître l'histoire c'est être inculte en tout, quoi qu'on sache. Car, ne pas savoir mettre en perspective les connaissances dont on dispose, c'est ne disposer d'aucune connaissance. On se condamne à la généralisation, à l'essentialisation, au discours général, à l'idéalisme, à l'idéologie, en un mot : à la moraline qui empêche tout travail généalogique.

Un exemple : l'expression «extrême droite» peut être lue en généalogiste ou en intoxiqué de la moraline.

Le généalogiste renverra à l'histoire, donc au passé, pour expliquer que ce mot caractérise une sensibilité politique qui s'est illustrée dans l'entre-deux-guerres par une sensibilité antidémocratique, antiparlementaire, antisémite, antimaçonnique, antirépublicaine, belliciste et belliqueuse, qui refusait les élections comme voie d'accès au pouvoir, parce qu'elles relevaient de la logique de la République dénoncée comme Gueuse, pour leur préférer le coup de main, le coup de feu, le coup d'État. L'extrême droite va de pair avec la milice armée et la violence des rues, la torture et l'huile de ricin, le peloton d'exécution ou la déportation.

Elle dispose d'une histoire, de penseurs, de littérateurs, d'œuvres, de noms propres; on peut lui associer des faits et gestes, des moments et des figures historiques.

L'intoxiqué de moraline se moque de ce que l'histoire enseigne pour faire un usage polémique et politicien de cette notion. Sera dite d'extrême droite toute droite qui ne souscrit pas au projet libéral maastrichien – voire toute pensée, même de gauche, qui ne communie pas dans cette région européiste. Cette droite peut bien ne rien souscrire à la définition de l'extrême droite et entrer dans le cadre démocratique et républicain, jouer le jeu parlementaire et affirmer publiquement son philosémitisme, ne jamais parler de la franc-maçonnerie, témoigner de sa nature pacifiste et pacifique en ne soutenant aucune violence de rue, en les condamnant même, consentir aux élections comme voie d'accès au pouvoir, accepter chacun de leurs verdicts et n'en jamais contester ou refuser aucun, n'avoir jamais eu recours à des manifestations de rues factieuses et armées, il n'importe, cette droite-là sera dite «extrême droite», donc parente de Vichy, de Pétain, du nazisme et des millions de morts de la Shoah...

Le problème avec le mésusage de ce mot c'est que, quand surgit une véritable extrême droite, par exemple lors de tueries suprématistes anglo-saxonnes, les moyens de lutter véritablement contre elle n'existent plus, car, quand l'extrême droite est partout, elle ne se trouve plus nulle part. Chacun connaît l'histoire du berger qui crie faussement au loup un grand nombre de fois avant qu'un jour, en présence d'un vrai loup, plus personne ne le croie, ne se déplace et n'empêche qu'il se fasse dévorer.

Il en va de même avec la misogynie, la phallo-cratie, le racisme, le sexisme, l'antisémitisme, totalement découplés de leurs significations histo-riques, donc de leurs sens véritables, historiques, et utilisés de façon polémique dans le cadre de la politique politicienne : recourir à ces épithètes à la façon d'insultes interdit que la misogynie véri-table, la phallocratie réelle, le racisme authentique, le sexisme avéré, l'antisémitisme constatés, puissent être véritablement identifiés, donc combattus. Cet assassinat du signifié tue le signifiant qui légitime la prolifération des faits. Dès lors que les mots disent n'importe quoi, les choses dites ne signi-fient plus rien, le réel pathogène peut se répandre comme une bouteille à encre. Quand l'histoire est congédiée, la propagande peut alors faire la loi.

5

Cinquième thèse : *la nature est effacée.* Le risque avec l'intellectuel en chambre qui se contente de manier des idées et des concepts à longueur de journée, c'est de croire que le monde n'est fait que de concepts et d'idées.

Quand il écrit son *Histoire de la folie à l'âge classique*, Michel Foucault ne sort pas des archives, car il croit qu'elles seules disent le monde. À ses yeux, s'il n'existe aucune archive de ce qui a eu lieu, ce qui a eu lieu n'a pas eu lieu. De même, si une archive existe, elle tient lieu de vérité, même s'il s'agit d'une fiction. D'où l'importance accordée aux littérateurs – Hölderlin, Sade, Lautréamont, Nietzsche ou Roussel par exemple – pour rédiger une théorie de la folie. Michel Foucault peut bien n'avoir jamais rencontré un seul fou de sa vie, il produira tout de même une théorie de la folie. Triomphe des platoniciens et malheur des penseurs empiriques !

Par exemple, le corps des déconstructionnistes est un effet de langage ou d'inconscient, une archive historique, une élaboration conceptuelle. De même avec la nature qui n'est jamais qu'un sujet d'analyse pour un grammairien, un zoologiste, un géologue, un économiste, mais nullement une entité tangible – voire *Les Mots et les Choses* du même Foucault, pour qui le réel se résume à l'ensemble des discours tenus sur lui Un réel sans discours pour le dire n'est donc pas. Le réel est donc ce qui est dit et rien d'autre.

Le rapport à la nature est méprisé quand il s'agit de celui d'un paysan ou d'un marin, d'un chasseur ou d'un montagnard, d'un marcheur ou d'un pêcheur, d'un naturaliste ou d'un botaniste. La nature s'avère en revanche intéressante si on l'examine au prisme de la *Physique* d'Aristote, de l'*Éthique* de Spinoza ou de *La Logique* de Hegel.

L'homme est envisagé en dehors des cycles naturels, des cycles des saisons, des cycles solaires et lunaires, des cycles cosmiques. Il est fils du béton et du bitume, enfant des villes et du ciment, produit des bibliothèques et, depuis peu, des flux numériques.

La question du sexe, du genre, ne se pose plus en termes de nature, mais de culture. On parle volontiers des perturbateurs endocriniens, on peut même en faire la colonne vertébrale d'un projet présidentiel au Parti socialiste par exemple, mais on n'aborde pas la question : s'il y a des perturbés de l'endocrine, qui sont-ils? quand? comment? De quelle manière cela se manifeste-t-il? *Quid* sur le terrain de la sexualité? Le trouble dans le genre entretient-il une relation avec ce qui nous est présenté comme une grande cause sanitaire nationale? Ou pas. Et sinon, pour quelles raisons?

Là aussi, là encore, la moraline empêche la généalogie. La nature s'opposerait à la culture, première sottise qui empêche de penser. Plus l'une serait grande plus l'autre serait petite : un être naturel s'avérerait fruste et simple, sinon simpliste et simplet, sauf à être le cannibale de Montaigne ou le bon sauvage de Rousseau. Un être cultivé se trouve paré des plumes du plus beau paon. La culture n'est pas dans la nature, on ne la trouve donc pas en campagne, mais dans les villes. Elle est urbaine.

Cette bétonisation des âmes, cette bitumisation des intelligences, ce cimentage de la raison contribuent à l'effacement de la nature qui ne se trouve plus envisagée que dans la configuration de l'écologie urbaine et de façon anthropique : selon cette vision du monde urbano-centrée, l'homme reste au centre de la nature, il en est le maître et possesseur. Si la planète se réchauffe, c'est *uniquement* sa faute. L'historien aura beau dire que, depuis que le monde est monde, donc bien avant l'homme, sans lui, il y eut des cycles de réchauffement et de refroidissement de la terre en relation avec le cosmos et non pas avec le seul homme, il sera immédiatement traité de climato-sceptique, donc rangé dans le camp du mal.

Mettons donc au crédit de l'écologie urbaine le fait qu'elle soit parvenue à sensibiliser l'homme à la nature, qu'elle ait réussi à penser la planète dans sa fragilité, qu'elle ait enseigné aux hommes leur part de responsabilité dans le réchauffement, mais, de grâce, encore un effort pour être véritablement écologiste : il faut placer l'homme dans une configuration cosmique et pas seulement terrestre. Et se faire à l'idée que, quoi que l'homme fasse, la terre mourra – aucun astrophysicien n'a la sottise d'enseigner le contraire...

216

Cet oubli de la nature et de ses règles dans l'infiniment grand se double d'un oubli de la nature, dans l'infiniment petit. Je songe à la négation de l'anatomie, de la physiologie, de la génétique, de l'endocrinologie, une déraison consubstantielle à l'idéologie poststructuraliste et déconstructionniste. Le corps est devenu une archive culturelle et non un dispositif naturel.

Cette option culturaliste débouche sur la théorie du genre qui, quoi qu'en disent ses partisans qui nient son existence afin de mieux l'imposer, postule que nous ne naissons ni garçon ni fille, mais neutre et que le devenir garçon ou le devenir fille n'est qu'une affaire de culture, de civilisation, de société, d'endoctrinement avec l'aide de stéréotypes qu'il faudrait déconstruire dès l'école qui, de ce fait, en construit d'autres.

C'est une interprétation courte du « on ne naît pas femme on le devient » de Simone de Beauvoir qui passe un temps fou à expliquer dans *Le Deuxième Sexe* combien la physiologie n'est pas un destin, tout en expliquant que c'est par rapport à elle qu'il faut se construire, se choisir et se vouloir... Or ce peut être paradoxalement un destin de ne pouvoir se créer un destin qu'en regard de ce destin ! Cet ouvrage, que peu ont vraiment lu, ne nie pas l'anatomie, on y trouve d'ailleurs un grand nombre de pages consacrées aux menstruations et à leurs effets dans la vie quotidienne des femmes. Si l'on ne naît pas femme, on naît tout de même avec des testicules ou avec des ovaires, autant de glandes endocrines dont les sécrétions déterminent un grand nombre de comportements – il suffit d'interroger un médecin endocrinologue pour éviter d'errer en la matière...

Si les perturbateurs endocriniens perturbent les glandes endocrines, ce qui s'avère incontestable, il faut bien qu'un corps ne soit pas qu'une volonté culturelle sculptée par les seuls stéréotypes mais également une chair imbibée d'hormones en plus ou moins grande quantité, ce qui produira en plus ou moins grande vérité tel ou tel comportement.

Des travaux israéliens récents montrent d'ailleurs qu'après opérations et traitements hormonaux de transgenres nées femmes, autant d'interventions culturelles, donc, les hormones féminines continuent de faire naturellement leur travail : après un an d'injections de testostérone, les femmes transgenres devenues hommes gardent des ovaires fonctionnels qui leur permettent toujours de faire des enfants.

La déliaison du corps naturel d'avec la nature produit un corps artefact qui tend vers le neutre. Pour parvenir à ce tiers état culturel, il faut faire fi de toutes les données naturelles. Seulement alors on peut abolir le masculin et le féminin, décréter la fin des sexes sans pour autant trouver contradictoire de lutter contre le sexisme qui est discrimination... entre les sexes – dont il vient pourtant d'être dit qu'ils n'existent pas. Même remarque avec l'antiracisme qui défend la thèse de l'inexistence des races tout en luttant contre la discrimination... entre les races! Quand d'aucuns parlent de «racisés», de «racialisés», de «racialisation», de «racisation», il faut pourtant bien qu'ils valident le signifiant «race» pour forger leurs néologismes.

Si les sexes et les races n'existent pas, alors la lutte contre la discrimination entre les sexes ou la discrimination entre les races ne saurait exister non plus. La différence sexuelle tout autant que la différence raciale naturelles ne débouchent pas de fait sur l'inégalité entre les sexes ou les races. La différence naturelle devient une inégalité sur le registre culturel seulement après qu'une discrimination eut été établie entre deux instances séparées et validées par l'empirisme.

Des tests généalogiques obtenus à partir d'un prélèvement effectué sur les muqueuses buccales permettent d'établir l'arbre généalogique d'un individu depuis la préhistoire. C'est le sang qui parle, hématologues et généticiens sont gens de science et la science ne pense pas : elle fournit des données à partir desquelles on peut penser. La transmission génétique d'un diabète ou d'une hémophilie, sinon d'autres pathologies, confirme que nous sommes constitués d'autre chose que de stéréotypes idéologiques.

Le corps neutre voulu par ceux qui se prétendent progressistes méconnaît la nature et prépare la voie à la fabrication du cyborg posthumain. C'est le préalable ontologique nécessaire à la fabrication de corps neutres avec lesquels on peut produire en série des humains inhumains, des humanoïdes aux identités et à leurs supports produits par des tiers.

6

Sixième thèse : *la haine est encouragée.* La haine est une variation sur le thème de la pulsion de mort. Passion triste par excellence, elle est volonté de voir autrui disparaître. Elle ne vit que de négation. C'est, bien évidemment, le contraire très exact de la tolérance que notre époque prétend vouloir, mais pratique seulement à l'endroit du semblable. La haine préside aux massacres, aux génocides, aux meurtres, aux assassinats, elle arme la main du tueur et du dictateur, du tyran et de l'homicide.

Cet amour du seul semblable accompagné de haine du dissemblable est à mettre en relation avec la disparition du garde-fou que fut la religion qui, si elle a pu elle-même s'en accommoder fort bien, a du moins enseigné à ne pas la pratiquer et à lui préférer l'amour du prochain. La caducité déclarée des vertus évangéliques comme, justement, l'amour du prochain, ou bien encore le pardon des offenses, la politique de l'autre joue tendue après la gifle, laisse le champ libre à ce vice devenu vertu postmoderne.

Sans contrepoids, la haine se répand d'autant mieux qu'elle peut se manifester de façon anonyme sur les réseaux sociaux. Le pseudonyme permet à d'aucuns de faire profession de haine. La schizophrénie fonctionne à plein régime puisque certains journalistes travaillant dans la presse du politiquement correct* ont pu, pendant des années, sous couvert d'anonymat, se rendre coupables de harcèlement moral, de sexisme, de phallocratie, de misogynie, d'homophobie, d'antisémitisme avec une jubilation non feinte.

Effondrement de la morale traditionnelle, impunité de l'anonymat permise par les réseaux sociaux, la haine est devenue monnaie courante. Elle permet d'empêcher le débat, la discussion, l'échange, la controverse au seul profit de la déconsidération de la personne. La logique du bouc émissaire tient le haut du pavé.

Dans la configuration postmoderne, la haine va à ceux qui ne s'agenouillent pas devant les vérités révélées de la religion autoproclamée progressiste. La presse d'État subventionnée par l'argent public, mais également les médias privés, eux-aussi dépendant de l'argent public versé par le même État pour vivre et survivre, activent la haine sans vergogne. C'est leur fonds de commerce.

---

* https://fr.wikipedia.org/wiki/Ligue_du_LOL

L'insulte, le mépris, l'injure, l'outrage, l'invective, l'offense font la loi sous prétexte de liberté de la presse ou, plus largement, de liberté d'expression – une liberté d'expression qui s'avère souvent à sens unique. Mieux vaut se trouver dans le sens du vent dit progressiste pour en bénéficier que dans celui du souverainisme – pour ne prendre qu'un exemple dans lequel la haine se manifeste sans retenue.

Mais on pourrait lister quelques sujets qui génèrent immédiatement la haine et interdisent tout débat serein : l'avortement, l'euthanasie, la peine de mort, le nucléaire, le réchauffement climatique, la nature de l'islam, le mariage homo-sexuel, la gestation pour autrui, l'identité nationale, le parti de Marine Le Pen, la question israélo-palestinienne – en fait, des questions qui permettent d'interroger la nature du catéchisme de l'Europe maastrichienne.

La libération de la parole rendue possible d'abord par les radios libres, puis par les facilités du Net, son caractère anonyme, la totale impunité de ce réseau planétaire sous prétexte qu'il serait un lieu d'expression libertaire, tout cela fait qu'une zone de non-droit éthique fournit le modèle de toute intersubjectivité.

Avant 1789, il y eut le modèle du salon et de la conversation, des lieux de mémoire intellectuels. Ensuite, avec la presse contemporaine de la Révo-lution française, sont apparus des journaux haineux qui avaient moins le souci de porter une parole

libre et éclairée que de salir – les uns, majoritaires :
la famille royale et la monarchie, les autres, minori-
taires, les acteurs de la Révolution française.
L'esprit de cette presse à charge a été démultiplié
par la Toile au XXᵉ siècle. Les échanges, de la cour
de récréation au débat présidentiel en passant par
ceux de l'Assemblée nationale, sans oublier ceux
de la télévision, ne visent plus le dialogue raisonnable et rationnel, mais la destruction de
l'interlocuteur – pas même de ses thèses.

Les médias ont besoin d'argent. Ils ne vendent
que par le «buzz». Pas question, donc, de débattre
intelligemment quand on sait qu'une rencontre
éruptive conduira plus de spectateurs devant leurs
écrans qu'un débat intelligent, argumenté et cour-
tois. L'anonymat fait la loi sur le Net, l'annonceur
la fait dans les supports médias et l'actionnaire en
attend ses dividendes. La haine fait plus vendre
que le débat. Elle n'a pas besoin d'un regardeur
avec un cerveau, il lui faut juste un sujet pourvu
d'un foie pour la bile.

La haine génère un perpétuel état de guerre
civile intérieur. Or elle débouche également sur
des guerres véritables. Ce qui fait la loi entre les
individus vaut désormais entre les États. L'intersubjectivité haineuse entre les personnes s'élargit
de façon internationale.

Pour exister, le pouvoir a besoin d'ennemis qui
ont pu être les amis de la veille. L'Allemagne fut
l'ennemie héréditaire de la France pendant des

siècles, elle est devenue, depuis l'après-nazisme, l'amie privilégiée. L'Irak et la Libye furent amis de la France, et de leurs présidents de l'époque qui y avaient fort intérêt, avant de devenir des ennemis emblématiques responsables de toute la misère du monde. Certains pays – Turquie, Iran, Russie, Hongrie, Pologne... – génèrent aujourd'hui une salivation pavlovienne dans laquelle la haine tient le rôle principal.

Or, quiconque est en proie à la haine, des individus ou des personnes, des États ou des nations, ne pense plus. Déconnecté de son système neuronal, il se trouve branché sur son système neurovégétatif. Le cortex se trouve congédié, le cerveau reptilien mène le bal. Notre époque est à la haine.

7

Septième thèse : *l'Empire est en marche.* Quel Empire ? La fin des nations a été voulue par les acteurs de l'Europe de Maastricht. La disparition de ce qui reste de souveraineté nationale française est même franchement présentée par un député de la majorité présidentielle comme l'horizon politique du macronisme*. N'est-ce pas là l'avènement du souhait de François Mitterrand qui, le

---

* https://www.marianne.net/politique/c8-les-terriens-du-dimanche-aurelien-tache-souverainete-europe

20 janvier 1983, avait affirmé au Bundestag que « le nationalisme, c'est la guerre » ? S'il avait eu raison, il lui aurait aussi fallu comprendre que l'Europe de Maastricht présentée comme une nation de substitution aux anciennes nations constituait, elle aussi, elle surtout, une entité qui relevait de sa remarque !

Affirmer que le capitalisme aspire à la domination planétaire ne saurait relever du complotisme : c'est son projet avoué... L'Europe maastrichienne, nourrie de très vieilles nations, a été pensée comme une machine de guerre capitaliste dont le cœur nucléaire est le libéralisme. Le marché doit y faire la loi. La création d'une monnaie unique a d'ailleurs été son premier geste. Ce fut en même temps son aveu.

Les hommes se trouvent jetés dans cette jungle comme des animaux qu'on laisse se battre entre eux afin que la lutte des mieux adaptés décide de la survie des uns pendant que les autres disparaîtront faute d'avoir été assez adaptés. Les gagnants, les vainqueurs, la race des seigneurs, les premiers de cordée, planteront leur drapeau bleu étoilé dans le dos des cadavres des victimes tombées au fur et à mesure des étapes de ce que les maastrichiens nomment leur ascension vers le toit du progrès.

Cette forme nouvelle de darwinisme social se présente comme la formule progressiste à laquelle il faudrait souscrire, sauf à être considéré comme un ennemi du genre humain...

Qu'est-ce que ce progrès dont de prétendus progressistes nous rebattent les oreilles? La chose est claire : *dans un monde où la liberté s'est trouvée détruite par les progressistes,* le progrès, c'est être constamment surveillé, espionné, épié; c'est ne plus avoir de vie privée, intime, personnelle; c'est ignorer de plus en plus le calme, la solitude, le silence; c'est être fiché, noté, classé, répertorié afin d'être sollicité plus efficacement par le marché; c'est communier collectivement dans des fêtes obligatoires où le loisir est organisé, minuté, calibré, réglé, codifié, normalisé, métré; c'est devenir un homme unidimensionnel avec une pensée uniformisée, plate, standardisée, normalisée, simplifiée; c'est sursauter aux crimes dénoncés par la police de la pensée, c'est peut-être aussi soi-même jouir de les dénoncer, puis juger, s'indigner, condamner, exécuter...

Dans un monde où la langue est appauvrie par les progressistes, le progrès, c'est réduire son vocabulaire, écrire comme on parle, parler comme on pense et penser comme son voisin parle; c'est adopter toutes les bouffonneries de la langue nouvelle et jubiler de souscrire à tous ses tics verbaux et verbeux; c'est adopter la langue du dominant et jouir d'en maîtriser l'usage; c'est angliciser la langue française, la pourvoir en signifiés créés par des communicants et des publicistes; c'est la maltraiter sous prétexte de lui faire de beaux enfants alors que ne sont produits de la sorte que les avortons de l'indigence verbale, donc de l'indigence mentale ; c'est construire une génération d'illettrés incapables de lire les classiques, infoutue d'écrire, graphisme, syntaxe, grammaire, orthographe, style ; c'est ne plus savoir ce qu'est faire un plan, rédiger des paragraphes et des parties, construire un raisonnement, mener une démonstration – donc penser...

Dans un monde où la vérité a été abolie par les progressistes, le progrès : c'est souscrire au catéchisme des dominants, gober les principes de l'idéologie, ne jamais rien remettre en question, prendre pour argent comptant les choses dites à l'école, dans les journaux, à la télévision, sur Internet ; c'est estimer que tout vaut tout, mais que rien ne vaut ce qu'on croit et que ce que l'autre croit, si ça n'est pas la même chose que soi, c'est faux ; c'est renoncer à son esprit critique tout en croyant qu'en dupliquant les contrevérités on fait justement usage de son esprit critique...

Dans un monde où l'histoire a été supprimée par les progressistes, le progrès, c'est estimer qu'on est la mesure de toute chose et qu'il n'y a pas de passé en dehors de celui de sa propre petite personne ; c'est croire que ce qui fut ne compte pas plus que ce qui sera, car seul importe ce qui est, et que ce qui est, c'est ce qui advient là où l'on est ; c'est vouloir vivre dans un éternel présent sans souci de ce qui nous a rendus possibles et de ce que nous rendons possible – même négativement ; c'est réécrire l'histoire en fonction de soi et de ses intérêts individuels, victimiser, culpabiliser, accabler, moraliser, charger, juger ; c'est tenir les livres pour quantité négligeable et les témoins d'un vieux monde, du vieux monde, en préférant la toile, comme si ce nom ne disait pas clairement qu'on y attire des victimes ; c'est consommer des produits culturels définis et produits par le marché ; c'est adouber l'industrialisation de la littérature ; c'est fouler aux pieds les droits d'auteur sous prétexte qu'un consommateur a tous les droits sur le créateur.

Dans un monde où la nature a été niée par les progressistes, le progrès, c'est se croire progressiste en vendant des enfants achetés à des femmes pauvres qui louent leur utérus* ; c'est tenir pour des fictions la réalité de la différenciation sexuelle ou ethnique en estimant que dire le réel c'est créer la mauvaise interprétation qu'on en fait ; c'est consommer des produits fabriqués par le complexe industriel qui privilégie le hors-sol, les intrants et le génétiquement modifié ; c'est s'intoxiquer seulement en respirant, en buvant de l'eau, en se soignant ; c'est faire

---

* Dans son édition du 30 mars 2019, le *Daily Mail* annonce qu'aux États-Unis (Nebraska), une femme de 61 ans a donné naissance à une petite fille conçue avec le sperme de son fils et l'ovule de la sœur de l'époux de son fils. La mère qui a porté cette enfant est donc aussi sa grand-mère, mais cette petite fille a également pour mère sa tante, ce qui lui fait quatre parents, le tout dans la plus parfaite logique incestueuse puisque la mère est inséminée par le sperme de son propre fils. Si cette tante devait engendrer elle aussi, les enfants seraient cousins en même temps que demi-frères ou demi-sœurs. Si la logique incestueuse doit être le signe du progressisme le plus avancé, on peut comprendre qu'on ne souscrive pas à ce genre de *progrès*...

de la sexualité l'une des modalités du commerce et du consumérisme; c'est virtualiser la relation sexuelle; c'est organiser la frustration libidinale par l'industrie pornographique; c'est hygiéniser la vie tout en favorisant la pulsion de mort; c'est faire de telle sorte que la procréation médicalement assistée permette également aux hommes de porter des enfants sous prétexte d'égalité; c'est, comme il y a peu, exiger de l'état civil qu'il modifie son âge parce qu'on s'estime moins vieux que ce que dont témoigne sa date de naissance*; c'est détruire la pulsion de vie, interdire le tabac parce qu'il est nocif pour la santé, labéliser tout de même des cigarettes électroniques qui distribuent la nicotine dangereuse pour la santé et vouloir en même temps légaliser le cannabis qui nécessite l'inhalation pulmonaire prohibée…

Dans un monde où la haine a été propagée par les progressistes, le progrès, c'est croire qu'on pense quand on se contente de détester; c'est se chercher un ennemi sans lequel on ne peut vivre; c'est entretenir les passions tristes comme un viatique; c'est psychiatriser la pensée critique et salir quiconque ne pense pas comme soi plutôt que de critiquer ses arguments; c'est justifier les guerres et les défendre quand on les déclare, mais les condamner quand ce sont les autres qui en prennent l'initiative; c'est

---

* http://www.lefigaro.fr/vox/societe/2018/11/14/31003-20181114ARTFIG00287-changer-d-age-a-l-etat-civil-le-dernier-caprice-a-la-mode.php

s'étonner que le terrorisme se présente comme une riposte du faible au fort; c'est faire l'éloge de la paix tout en faisant commerce des armes et usage de celles-ci sur des champs de bataille dans lesquels on s'invite ou que l'on crée...

Dans un monde qui aspire à L'Empire, le progrès, c'est formater les enfants dès le plus jeune âge afin d'éviter de fabriquer des citoyens à l'intelligence déliée; c'est mobiliser l'école et les médias, la culture et le Net pour diffuser sa propagande; c'est utiliser les découvertes scientifiques afin de mieux asservir les masses; c'est administrer l'opposition pour être bien sûr que, le temps venu, elle ne s'opposera pas vraiment; c'est dissimuler le pouvoir véritable et attirer l'attention ailleurs en laissant croire que la démocratie représentative permet vraiment l'exercice libre de la puissance souveraine; c'est enfin gouverner sans le peuple, contre lui, malgré lui, avec les élites : journalistes et politiciens, économistes et sociologues, économistes et syndicalistes, publicitaires et communicants, techniciens et bureaucrates – n'y serions-nous pas?

Je ne suis pas bien sûr de vouloir être progressiste. Je crois que l'âne Benjamin de *La Ferme des animaux* ne l'était pas lui non plus...

Table

La photocomposition de cet ouvrage
a été réalisée par
GRAPHIC HAINAUT
30, rue Pierre-Mathieu
59410 Anzin

Imprimé en France par CPI
en juin 2019

N° d'édition : 59415/03
N° d'impression : 153629